乡村学校体育的
多维分析及其发展研究

黄晓丽◎著

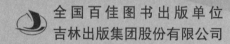

全国百佳图书出版单位

吉林出版集团股份有限公司

图书在版编目（CIP）数据

乡村学校体育的多维分析及其发展研究/黄晓丽著
.--长春:吉林出版集团股份有限公司,2022.9（2023.9重印）
ISBN 978-7-5731-2286-5

Ⅰ.①乡…Ⅱ.①黄…Ⅲ.①农村学校－体育教育－
研究Ⅳ.①G807.0

中国版本图书馆CIP数据核字（2022）第173211号

XIANGCUN XUEXIAO TIYU DE DUO WEI FENXI JI QI FAZHAN YANJIU

乡村学校体育的多维分析及其发展研究

著　　者：黄晓丽
责任编辑：欧阳鹏
封面设计：筱　茵
开　　本：787mm×1092mm　1/16
字　　数：245千字
印　　张：12.25
版　　次：2022年9月第1版
印　　次：2023年9月第2次印刷

出　　版：吉林出版集团股份有限公司
发　　行：吉林出版集团外语教育有限公司
地　　址：长春市福祉大路5788号龙腾国际大厦B座7层
电　　话：总编办：0431-81629929
印　　刷：涿州汇美亿浓印刷有限公司

ISBN 978-7-5731-2286-5　　定　　价：73.00元
版权所有　侵权必究　　举报电话：0431-81629929

前　言

为全面提高国民素质、迎接知识经济的到来，党中央、国务院提出了基础教育课程改革。随着时代的发展，国家也对乡村教育改革更加重视，教育工作者对乡村教育面貌能否得到改善做了许多理论研究以及实践探索。乡村学校体育是建设社会主义新农村教育的重要组成部分，开展好乡村中小学体育教学工作对于增进学生身心健康，掌握各项体育技能，培养其良好的体育锻炼习惯具有重要的意义。

基于此，本书在内容编排上共设置六章，第一章为绪论，主要包括学校体育及其管理、乡村学校体育发展的重要意义、乡村学校体育发展的基本模式；第二章探究乡村学校体育与村落社区体育发展，内容包括村落社区及其体育发展、乡村学校体育与村落社区体育的关系、乡村学校体育与村落社区体育的发展对策；第三章围绕阳光体育运动原理及目标、阳光体育运动对体育教学改革的影响措施、乡村学校阳光体育运动的实施对策展开论述；第四章对体育素质教育的实施、素质教育与体育课程教学改革、素质教育背景下乡村体育课程教学的发展进行了全面分析；第五章通过对人本主义视域下乡村中小学体育的教学目标、乡村中小学体育教学中学生创新能力的培养、乡村中小学体育教学中师资队伍的建设路径等方面的研究，探讨了乡村学校体育教学及其师资队伍建设；第六章探究了体育课堂教学中开展拓展训练的可行性、体育课堂教学中开展拓展训练的措施、乡村学校体育开展拓展训练的意义与实践。

全书文字简明扼要，内容丰富详尽，逻辑清晰，客观实用。另外，在结构上按照由浅入深的写作思路展开，对乡村学校体育的论述通俗易懂，力求使广大读者更容易了解有关乡村学校体育的各种内容。

笔者在撰写本书的过程中，得到了许多专家学者的帮助和指导，在此表示诚挚的谢意。由于笔者水平有限，加之时间仓促，书中所涉及的内容难免有疏漏之处，希望各位读者多提宝贵意见，以便笔者进一步修改，使之更加完善。

目 录

第一章

绪　论

第一节　学校体育及其管理

一、学校体育概述

（一）学校体育的本质

1. 学校体育的概念界定

在对学校体育的概念进行理解时，应当以教育作为核心对其展开审视。"学校体育"主要由"学校"和"体育"组成，"体育"所代表的是"属"，能够清楚地区分"学校体育"和其他非体育类的教学实践活动的不同之处；"学校"所代表的是"种差"，能够清楚地区分"学校体育"和其他的体育实践活动的不同之处。基于此，我们在对学校体育所具有的概念展开详细讨论时，需要做到对"学校"和"体育"所具有的独特之处同时进行兼顾，形成"种＋属差"的讨论形式。

"学校体育"指的是在学校中，为了促进学生身体素质以及身心协调的进一步发展，教师要以教育目的和体育锻炼标准为核心，顺应学生的发展规律，有计划、有目的、有组织地借助体育课程来提升学生对于体育的基础认知，使学生逐渐形成终身体育的良好习惯。学校中的教育体系是由德育、智育、美育与体育共同构建而成，体育课程不仅是一种活动形式，还是"体育"在学校中的体现形式，更是为社会培养优秀人才的重要途径，其在学校中的具体形式主要有体育课程、课外体育活动、学校体育竞赛等。在学校中，体育的重要性和德育、智育所处的地位是相同的，三者均是学校教育中的基础。体育不仅是学校中具体的课程类型，还是学校中的一项重要教育活动，更是培养全面发展人才的重要因素。

2. 学校体育的真实意蕴

教育的实质是以社会需要为基础进行的一系列培养人的活动，教育也正是因为所具有的"培养人"这一属性才区别于社会中的其他活动。只有真正经历过身体教育的人才能够在特定空间中，才能够对感性和理性之间所具有的张力进行协调，最终在体育活动中形成完整的人格，而这一个艰巨的任务需要则由学校体育负责进行。学校体育在校园中实施"身体教育"时，不但要进一步地发展学生的身体素质水平，还要帮助学生清楚地认识到什么是人、人生的意义又是什么，以此真正地对学生的内在进行升华。

一方面，学校体育教学中对学生所进行的"身体教育"能够有效地促进学生身体素质的提高。在体育人类学这一学科中明确地指出，学校体育核心是为人们提供锻炼身体的方法和手段，学校体育的重大意义就在于人体的创造。一位接受过完整教育的毕业生，其从小学开始一直到大学毕业需要接受长达十余年的身体教育，经过多年的学习，其理应基本掌握了进行体育锻炼的基本原理以及科学的锻炼方法与锻炼手段，拥有对自己的身体素质水平进行科学评价的能力。除此之外，身体教育还能够有效促进学生体育水平的进一步提升，从而逐渐形成进行体育锻炼的良好习惯。

另一方面，学校体育教学中对学生所进行的"身体教育"还能够对学生的"内在"进行塑造，而塑造的关键便在于通过熏陶、陶冶与渗透等方式，最终达成"润物细无声"的教学目的。身体教育借助于体育游戏的形式对学生的精神和心灵进行熏陶与净化，让学生能够在进行体育运动时感受到体育所具有的美感，体会到来自于竞技体育中不断突破自我时的快乐。基于此，当我们从人与世界之间的互动进行分析时，身体教育也是人们借助于身体认识世界、感悟世界的一种直接方式。我们要借助于学校体育中的"身体教育"，让学生知晓，在他们的日常生活中体育是十分重要的。

人的健康可从多方面进行增强和改善，学校体育所需要做到的便是让学生通过体育运动来改善自己的健康状态。"身体教育"不仅早已成为人生命和生活中不可或缺的重要组成部分，还成为展现人的精神生命、自然生命以及社会生命的一种存在方式和发展方式。体育只有在"人"的身上才能够充分展现出其所具有的真正价值，而这也正是学校体育中所蕴含的真实意蕴。

（二）学校体育的地位

"学校体育与教育功能二者在实践活动中具有紧密关联性、相互渗透性。"[①] 学校体育不仅是教育中的重要组成部分，还是体育中的重要组成部分。学校体育在教育中，其核心任务便是为社会培养全面发展的优秀人才；在体育中，学校体育身为竞技体育和社会体育中最为基础的教育环节，其不仅要做好为竞技体育输送优秀后备人才的准备，还要为社会培养出拥有终身体育意识的优秀公民。

1. 学校体育在教育中的地位

学校体育作为教育中的重要组成部分，其不仅能够有效地促进学生身体健康的进一步发展，还能够有效地促进学生德育、智育的进一步发展。倘若学生不具有良好的身体素质，那么其不仅在学习的过程中极其艰难，而且对于社会中复杂的工作任务也难以适应。学校体育与德育、智育、美育之间的关系如下所述：

（1）学校体育与德育。首先，学校体育在进行教育的过程中不仅对学生进行了体育教育，还进行了道德教育。在教学过程中传输给学生的"公平竞争、坚持不懈、团结协作"等优秀的体育精神便是其对学生所进行的道德教育。其次，学校体育不仅能够培养学生良好的道德品质和道德行为，还能够培养学生的集体主义精神以及社会道德意识。因为，在学校中学校体育的存在能够为学生创建一个特殊环境，而在特殊环境中实施道德教育，则能够进一步增强学生的道德意识，最终将其内化，形成道德行为。

（2）学校体育与智育。智力作为一项精神能力，一般指的是人在对事物进行认识以及对问题进行解决的能力，人的智力水平不仅受遗传因素以及环境因素的影响，而且与学校体育之间也存在着一定的联系。首先，学校体育能够通过有效地对大脑

---

① 季玉晓，关琳煊. 学校体育的教育功能探究 [J]. 教师，2021（5）：66-67.

进行锻炼，从而为学生智力水平的进一步发展提供坚实的物质基础；其次，学校体育能够有效地对学生神经系统的进一步发育起到促进作用，从而提升神经系统的协调性，通过思维的提升，全面地提高学生的智力水平；最后，学校体育能够有效地提升学生对于外界的感知能力。总而言之，人的智力水平发育的最佳时机便是青少年阶段，所以，学校体育应当将其对于学生智力水平提升的重要作用充分地发挥出来。

（3）学校体育与美育。首先，借助于学校内部开展的相关体育活动来达到潜移默化地对学生的审美进行培养的美育目的，有效地提高学生对于美的感悟能力、鉴赏能力以及创造能力等。譬如，健美操作为一项集健身、舞蹈、音乐于一体的体育项目，当学生参与该项目的练习时，不仅能够有效地提高自身的身体素质水平，还能够养成对于美的正确认识，真正地认识到什么是力量美、艺术美、形体美等。其次，学校体育所拥有的技艺美也为培养学生的美育提供了一个优秀教材，譬如，在大小球项目中，学生可以通过对投篮、射门、扣球等运动技能进行感悟，体会运动技能给人带来的能够震撼心灵的美，而这便是蕴含在体育中美的最佳表现形式。因此，学校应当糅合不同体育项目所具有的美育特点，以此来对学生开展切实有效的审美教育，从而有效地促进学生的全面发展。

总而言之，学校体育之中所蕴含的德育、智育、美育等教育内容，不仅能够帮助学校中其他具有德育、智育和美育教育形式顺利实施，还能够真正地实现素质教育的核心目的，从而有效促进学生的全面发展。

2. 学校体育在体育中的地位

我国的体育主要由学校体育、竞技体育和社会体育所共同构成。三者在目的、任务、对象、性质等方面既相互独立，又存在着密切的关系。

（1）学校体育与社会体育。社会体育被称为"大众体育"或者"群众体育"，其主体为乡村居民、城镇居民等社会成员，将健心、健身、健美、医疗、交流、娱乐等作为核心目的所展开的一系列锻炼形式。

首先，学校体育是社会体育的基础，而社会体育则是学校体育的进一步延伸。伴随着我国教育水平的不断进步，体育教育的中心思想已经转变成为以终身体育为核心的教育思想。学校阶段不仅是人一生中接受体育教育的最佳时机，更是实施终身体育的入门时期和关键时期。

其次，对于我国学校体育教育的进一步发展而言，社会体育不仅能够起到十分重要的指导作用，还能够为其提供充足的物质基础以及精神环境。学校体育是以培养适应时代发展的优秀人才为核心目标的，因此，社会中的多项体育活动都能够有效地指引学校体育的发展方向，充分发挥出其所具有的指导功能。显而易见，学校体育与社会体育的接轨已成为我国体育进一步发展的必然趋势，而"家校社"三位一体的体育教育则成为我国学校体育和社会体育的共同目标。

（2）学校体育与竞技体育。我国体育事业发展的基础是促进全民健身活动的进一步开展，不断向人们推广健身的益处，有效地推动各类体育项目协调发展。在过去，我国将注意力的重心放置于如何才能合理地对学校体育与竞技体育的发展进行协调。基于此，受计划经济体制的影响，我国竞技体育与学校体育之间的协调发展需要借助相关的行政手段。进入市场经济后，我国在对体育管理体制进行改革的过程中所遭遇到的各种阻碍，严重阻碍了竞技体育与学校体育的和谐发展。

随着新时代的到来，我国的教育正式进入一个全新的改革阶段，在该阶段中，学校体育工作得到了人们的重视。同时，由于竞技体育管理体制的不断改良，后备人才的匮乏为竞技体育与学校体育之间的关系带来了全新的热度。该时期的发展方向主要以"体教结合"为主，只有强调学校体育对于后备人才的重要性，才能够有效解决后备人才资源匮乏的现象，所以竞技体育的基础应是教育，只有通过对人们开展教育才能够为其带来永久的进步。基于此，应当及时对学校体育与竞技体育之间的关系进行协调处理，不断提升学校体育在体育中的地位，使其能够真正地承担起培养优秀后备人才的职责，从而成为竞技体育发展的坚固后盾。

（三）学校体育的构成

学校体育作为一个完整的系统，由许多要素构成并形成其特定的结构，发挥着不同的功能，运用系统论的观点从不同维度对其结构进行分类，对促进学校体育功能最优化具有重要意义。

学校体育结构是指学校体育各构成要素之间相对稳定关联所形成的整体架构。从不同的维度可以将学校体育划分成不同的结构，例如：从时间的维度来审视学校体育系统，是由学前教育阶段体育、初等教育阶段体育、中等教育阶段体育和高等教育阶段体育4个要素构成的。从学校体育活动方式维度审视学校体育系统，是由体育课、课外体育锻炼、课余体育训练和课余体育竞赛4个要素构成的。以整体的观点，从系统论维度出发，学校体育结构由学校体育目标、参与主体、内容、实践方法、实践途径、环境及评价 7 个要素构成。

1. 学校体育目标要素

学校体育目标是学校体育这一教育活动所要达到的预期结果，是学校体育目的的具体化，它集中体现了学校体育的价值，是学校体育各项工作的出发点和归宿，在学校体育各项工作中起核心指导作用。

2. 学校体育参与主体要素

学校体育参与主体要素包括教育者和受教育者，教育者包括体育教师、学校体育主管领导及教辅人员等，其中，体育教师是学校体育工作的主要组织者、实施者和执行者，是直接对学生施加教育和指导的专业人员，其专业能力和综合素质的高低直接决定了学校体育工作的水平。学生是受教育者，是学校体育的对象，也是具有个性、能动性和差异性的主体，在各项学校体育活动中处于主体地位，学校目标的制定、内容的选择都要根据学生主体的特点，来促进学生主体身心的全面发展。

3. 学校体育内容要素

（1）运动教育。运动教育指的是以传授体育运动的知识、技能、技术为主要手段，通过自我练习、课余锻炼与竞赛等活动方式，以掌握运动知识、技能、技术和增强体质为主要目的的教育活动。在学校进行运动教育的主要途径有体育与健康课教学、课外体育活动、课余体育训练和课余体育竞赛等。运动教育是学校体育教育的主要内容，通过各种运动素材和体育教材，让学生了解和掌握各项体育运动的知识、原理、技能和技术，在具备一定运动能力的基础上学会自我锻炼的方法，培养锻炼的习惯，通过参与各种课余竞赛或训练，进一步巩固、提高运动技术、技能，进一步增强对体育运动的兴趣。

（2）健康教育。健康教育是以传授体育健康知识和科学健身方法为主要内容，以培养良好的体育卫生习惯、建立积极的体育生活方式为主要目的的教育活动。健康教育是学校体育教育的重要组成部分，培养学生良好的、健康的体育生活方式是学校体育的重要任务之一。健康教育的主要途径有体育与健康课教学、体育墙报、体育文化节、课外体育指导等。

（3）体育文化教育。体育是一种社会文化活动，体育文化是人类文化的重要组成部分，体育文化的继承和发扬要靠体育教育，学校体育担负着传承优秀体育文化的重任。通过学校体育各项活动进行体育文化教育，让学生了解竞技体育文化、民族传统体育文化，做好体育文化的传承是学校教育的重要内容。

（4）心理品质教育。学校体育教育内容和教育手段的特殊性使其对学生的心理品质培养发挥着极其重要的作用，在各项学校体育活动中总是渗透着心理品质培养的内容。例如，在耐力跑的练习与训练中，对学生坚持不懈精神的培养作用非常显著；在篮球、足球、排球等集体项目的练习与比赛中，对学生集体主义精神和团结协作精神的培养作用非常显著；在学习体操的过程中，可以培养学生勇敢顽强的意志品质。心理品质教育作为学校体育的重要内容，对学生健康个性的发展有非常关键的作用。

4. 学校体育实践方法要素

学校体育实践方法指的是在各种形式的学校体育实践中所采用的各种方式和手段的总称。在体育课堂教学中，要用到讲授法、练习法、示范法、纠正错误动作法等；在课外体育锻炼中，要用到练习法、游戏法、竞赛法等；学校体育事件方法种类繁多，灵活多变，掌握和运用适当的方法是实现学校体育目标的重要条件。

5. 学校体育实践途径要素

学校体育实践途径是指为实现学校体育目标所采用的各种具体活动方式。当前学校体育途径主要有体育课教学、课外体育锻炼、课余体育训练和课余体育竞赛等。这些不同的途径相互联系、互相配合、互相促进，是实现学校体育目标的必然渠道。

6. 学校体育环境要素

学校体育环境是指学校体育活动赖以正常开展的各种物质条件和精神条件的总和。优良的学校体育环境可以为学校体育工作的正常开展提供保障，有利于学校体育目标的实现；不良的学校体育环境会阻碍学校体育各项活动的正常开展，不利于学校体育目标的实现。学校体育环境包括物质环境、心理环境和社会环境三类不同层次的环境。学校体育物质环境主要指的是学校的体育场馆设施水平、体育课场地器材条件等；学校体育心理环境主要指的是学校体育传统、体育氛围体育观念、教育观念等；学校体育社会环境主要指的是体育教师队伍的素质、学校体育管理体制、学校体育规章制度以及社会的体育风气和体育观念等。

7. 学校体育评价要素

学校体育评价是指根据学校体育目标，通过建立科学的评价指标体系，对学校体育各项活动进行的价值判断。学校体育评价是实现学校体育科学发展、学校体育系统优化的必要环节，是科学制定学校体育各项任务决策的重要依据。

综上所述，学校体育系统的基本结构包括学校体育目标、学校体育参与主体、学校体育内容、学校体育实践方法、学校体育实践途径、学校体育环境和学校体育评价七大要素，这七个要素互相联系、互相作用、互相制约共同构成相对稳定的学校体育系统，使学校体育发挥着系统的功能。系统中任何一个要素发生变化，都需要其他要素相应地变化，才能继续维护系统的稳定性。

（四）学校体育的功能

1. 学校体育的学生发展功能

（1）健身功能。对于学生而言，学校体育最本质的作用莫过于健身了，因为通过学校体育教育，可以让学生认识并实现体育的增进机体健康的功能。学生在参与所有的体育活动时都必须有身体的活动，当机体处于活动的境况下，身体的各个器官都会产生一些微妙的变化，以适应运动过程中机体所需要的身体条件，长此以往就可以提升学生的身体素质和健康状态，尤其是青少年学生的身体正处于生长发育的关键时期，身体机能和形态可以通过适量的体育运动，往良性的方向发展变得更加健全和健美。通过长期的体育锻炼，学生的身体状态以及心理状态都可以得到很好的发展，从而可以更好地参与社会各项活动，创造自己的美好人生。

学校体育的健身功能具体从以下方面体现出来：

1）改善学生的体能，提高运动能力。体能判定标准可以从体质健康和运动能力两个角度来确定，这两种判定方法是有所区别的，见表 1-1。

表 1-1 体能的分类与指标

体能分类	指标
与体质健康有关的体能	身体成分
	肌肉力量
	肌肉耐力
	心肺耐力
	柔韧性
与运动能力有关的体能	力量
	速度
	灵敏性
	神经协调性
	平衡性
	身体成分

总的来说，适当进行学校体育活动，可以很好地提高学生的运动能力和身体健康水平。

2）塑造形体和身体姿态。参加学校体育的体育锻炼另一个显著的作用是增进骨骼组织的血液循环，加大骨密度，使骨骼变得更加粗壮和结实，可以更好地防止骨骼变形和骨折，而且青少年如果经常参加体育锻炼还可以促进骨骼组织的增长和分化，使他们的身高长得比同龄人更高一些。

3）掌握锻炼与保健的知识和方法。学校体育教育有一套比较完整的内容体系和方法体系，所以通过接受学校体育的教育教学，学生可以获得比较全面和科学的有关身体锻炼的知识，并掌握正确的锻炼方法，还可以学习到一些比较实用的自我保健和急救的理论知识。

4）提高环境适应能力。青少年学生规律性地参加体育活动和身体练习可以更好地适应不同的生存环境，还可以提高其身体的免疫能力，不受或少受各种疾病的困扰。

（2）习得运动技能。跟其他学科的教育相比，学校体育教育最显著的特点就是学校体育教育是以学生的身体活动为主的教育，通过体育教育，学生可以获得与运动相关的一些技能和技巧，这一点是其他学科的教育所不具备的功能。这就是说，学生掌握运动技能主要是通过学校体育教育。一方面，学生学习能力很强，运动技能水平的增长潜力也很大，只要体育学习的课程安排合理，一般都能取得较好的技能学习效果。另一方面，由于学生在学习运动技能的过程中，需要他们克服许多身体上的不适应以及各种心理障碍，这对于他们来说也是一种意志力的磨炼；在获取了一定的成绩之后可以将运动水平和能力展现出来得到家长和社会各界的肯定，产生一种荣誉感和成就感，在这种积极向上的情感的驱动之下，可以激发出学生对于体育学习的动力并逐步培养长期体育锻炼的习惯。

运动技能的提升主要有以下几个方面：

1）丰富体育运动理论方面的知识。通过体育教育，学生会接触到比较系统的体育运动知识，因此可以提高学生在进行体育锻炼时的科学性和合理性，提高运动效果，避免不必要的运动损伤。

2）掌握运动技能和方法。一般学校都专门开设了体育与健康课程，并尽力为学生提供丰富的体育运动资源、合理配备了专业的体育教师队伍，并对其进行专业的培训，为学生顺利、快速掌握相关运动技能提供了良好的客观条件。

3）提高安全意识和自卫能力。体育运动可以带来许多好处，但不可避免的是同时也存在一定的运动损伤风险。产生运动损伤的原因有很多，场地设施的安全性、师生的运动安全意识、锻炼的学生的自身身体条件等因素。对于体育教学来讲，其中最重要的防范措施就是要系统地学习运动安全的知识，提高学生的安全意识。

（3）提升心理抗压技能，提高社会适应能力。促进学生养成良好的心理素质和社会适应能力是学校所承载的重要责任之一，学校体育在这方面起到的作用是其他任何个人和机构都无法替代的。通过学习学校体育课程，学生可以接触到许多具有竞争性、实践性、合作性的身体练习以及体育竞赛，通过这些课内外的体育活动和竞赛，学生的抗挫折能力、团队合作精神、个人道德修养等方面都可以得到很大程度的提高。从这一点来说，就很好地体现出学校体育独特的教育功能和优越性了。当今学生的心理素质越来越受到社会各界的关注，因此学校体育会继续挖掘其在这方面的功能。

学校体育对于提升学生的心理品质的功能主要体现如下：

1）促进心理健康。学校体育可以提升学生的心理健康水平，具体体现包括：①提升学生的智力发展水平；②使学生清除不良的情绪垃圾，恢复积极的精神状态；③建立清晰的自我意识；④培养学生具有坚强不屈的性格特征；⑤消除身心疲劳；⑥对于心理疾患有一定的辅助治疗作用。

2）提高社会适应能力。体育学习是一种通过身体活动增加自我体验并产生情感变化的，这种直接、直观的生命体验，有竞争、合作、角色的转换，要接受身体极限的挑战，要遭遇成功、失败、赞扬或者批评，这些与将来进入社会后的许多体验是有极大的类似之处的，因此经过体育运动的学习可以促进学生形成良好的道德观念，同时还可以在很大程度上增强其自身的社会适应能力。

2. 学校体育的社会发展功能

（1）立德树人的教化功能。学校体育的品德教化功能也非常显著。学校体育可以显现社会上推广的、正确的社会价值观，并起到积极的传播作用。同时在体育教育的过程中，教师还能够针对学生流露出的内在的价值观念做正确的引导，倡导和发扬积极、正确的思想。

学校会着重强调学生要具有顽强拼搏的精神、积极向上的生活态度、健康正确的生活理念、高雅文明的生活方式，学校体育在这方面起到了极大的推动作用，其具体的作用机理在于意识观念上的感化，行为上的外化，后者是前者的进一步升华和外在的表现结果。

（2）培养后备人才。我们要发展成为真正意义上的体育强国，重点在于要有好的苗子，要有对未来充满希望的接班人。要实现这一点，学校体育要担负起重要责任。青少年充满着青春与活力，他们都喜爱丰富多彩的、各种各样的体育活动，而学校体育是面向全体学生的，因此学校教师可以将同等年龄阶段的学生进行对比，很容易就能看出哪些孩子的运动天赋更高一些，于是就可以将具有运动天赋的学生挑选出来，并对其进行强化培养和训练，这样就可以扩充体育人才和竞技运动后备人才的储备。对于运动天赋特别突出的学生，可以直接推荐给高水平的运动队，使其发展成为某运动项目的优秀人才。

在新的历史条件下，我国提出了一项意义重大的战略性举措——"体教结合"政策，这是为了促进学校体育工作的顺利开展、全面落实素质教育、培养更多优秀的体育后备人才的综合考虑做出的重大决定。体教结合的实质是一项人才养成的办法，其实施要求应积极整合体育领域和教育领域的各种有利的资源，将二者进行互通有无、取长补短，符合体育人才培养的基本规律和现代化体育人才的要求。

"体教结合"的战略举措在体育发达国家已经被普遍采用，它体现出来的优势主要有两个方面：①强化校园体育锻炼的氛围，增加青少年学生进行体育锻炼的科学性，促使学生建立起正确的体育观；②扩大了体育人才的学习范围，为优秀运动员接受正规的文化教育提供了有力的保障。当运动员接受了科学的正规文化教育之后，其认知能力和文化素养都能够得到较大程度的提升，从而可以从更深刻、更全面的角度去提高自己的运动成绩，并且他们在退役之后还能获得更好的就业机会。

（3）传承体育文化。我国首先要成为体育文化强国才有可能成为体育强国。而在体育文化建设中，校园体育文化无疑是其中最重要的一个版块。纵观世界体育强国，不难发现他们无一不是在儿童的早期阶段就开始培养其体育意识，每个孩子在很小的时候就已经接受了来自家庭、学校和社会各界的体育文化的熏陶。当今的中国正处于文化的大融合、大开放、大发展时期，在世界文化不断交汇融合的环境下，我们必须要提升自己的文化软实力、民族凝聚力，而通过体育运动发扬我们丰富的体育文化就是其中重要的一环。

学校教育对于体育文化的传承和传播，也发挥着极其重要的作用。学校是培养人、教育人的专门的场所，其教育教学活动也是有组织、有计划的，学校还拥有专业的体育教师和丰富的教育资源，因此对于保护中华民族传统体育文化的工作，学校体育有着义不容辞的责任和使命。中国是一个拥有多民族的大家庭，各个民族都有自己独具一格的传统体育项目和体育文化。因此，要充分发挥出我国民族体育文化的特色，要对地域性的体育项目的历史渊源有深刻的理解，并且能够将其创编成为活泼有趣的、适合学校开展的校园体育活动，使学生能够在实际的练习和娱乐中领悟到中国体育文化的精神内涵和独特魅力，从而促进我国传统体育文化的传承和发展。

（五）学校体育的目标

学校体育目标指的是在一定时期所应当收获的预期结果，它的存在能够指引学校体育中的各项工作。学校体育目标作为学校体育目的的具体化，体现的是学校教职工在履行自己工作职责时，对体育本身价值的理解程度。因此，学校体育目标的制定是否合理，对于学校体育实践活动的开展有着直接影响。

1. 我国学校体育目的与总目标

（1）我国学校体育目的。学校体育目的能够直接指出学校体育想要培养"什么样的人"，即当学生接受了长时间的体育教育之后，应当拥有合作技能与素质。我国学校体育目的主要是以促进学生正常生长发育为核心，增强学生的身体素质水平与健康水平，辅助其他教学科目，对学生的思想道德和意志品质进行培养，使其能够真正地成为全面发展的高素质人才。而该目的不仅反映了我国学校体育所具有的本质特征，还反映出了我国社会、教育、体育对于学校体育提出的要求，因此，对于学校体育的进一步发展而言，学校体育目的拥有十分显著的指导意义。

（2）我国学校体育总目标。我国学校体育总目标是增强学生的身体素质，提升学生的健康水平；使学生基本掌握体育与健康的基本知识与基本技能；培养学生的运动兴趣，使其能够养成进行体育锻炼的良好习惯，从而为终身体育奠定坚实基础；培养学生的心理素养，使其拥有一定的社会交往能力，逐渐形成乐观向上、积极进取的人生态度；不断提升学生自身的运动水平，使其成为我国竞技体育优秀的后备人才；培养学生成为适应时代发展的优秀人才。

2. 学校体育目标的基本特征

体育教学目标是体育教学活动的出发点和最终评价的依据，其主要有以下几个特点：

（1）导向性。体育教学活动开展的过程中要牢记将体育教学目标作为参照的标准和主线，脱离了这个核心的标准，一切的教学活动就像失去导航而变得散乱没有主题和章法。体育教学目标对体育教学起着积极的引导作用，也对后续的内容设计、过程的实施与把握起着一定的制约与调控的作用。

体育教学目标如果设置得科学合理，且与教学活动的开展能够高度契合，体育教学课程就能获得较好的教学效果，否则的话，教学目标就不能起到应有的导向作用，从而影响整体的教学效果。因此我们要重视体育教学目标的导向性作用，注意教学目标与教学活动的合理性和一致性，充分发挥教学目标的导向性作用。

（2）系统性。体育教学目标体现了体育教学的统筹思想，需要考虑的因素是多方面的，比如技能目标、认知目标、能力目标、思想目标、方法目标等，各个目标实现的节奏和深度是有所差异的，但是不可否认的是，每个要素对于体育教学目标的实现都是至关重要的。

同时，各个方面的目标有着不同的作用，它们之间有着重要的内在联系，是相得益彰、相互补充的，是学生得以全面发展的有效保证。

（3）层次性。体育教学目标的层次性，可以从以下两个方面来理解：

第一，主要是指目标实现的阶段由简单到复杂，在阶段和难度上是分层次的。较低层次是较高层次的分解和精细化体现，也是实现较高层次的前提和基础，较高层次的目标是较低层次发展的必然趋势。

第二，体育教学贯穿于学校教育的整个过程当中，在不同的学段，体育教学对象的年龄、身体发育水平、认知能力等各方面的条件也会发生变化。因此，不同学段的教学目标也会随之作一定的变化和调整。

对于小学阶段来说，体育教学重点是培养学生对于体育课程的兴趣，初步学习体育保健知识；对于中学生来说，可以根据他们的爱好和身体条件等客观因素培养适合他们的体育运动项目，同时注意各项体能素质的综合提升；对于大学生来说，则需要进一步提升他们的体育素养和终身体育的理念，这样，体育教育的层次性就得以体现。

（4）可行性。相对于体育教学目的的笼统性和概括性，体育教学目标明显具有明确、具体、清晰等特点，这些特征对于教学活动的各个方面有着明确的指向性，这也就意味着体育教学目标的可行性较高，这将有利于教学实践活动的顺利开展。

（5）灵活性。为了获得更好的教学效果，体育教学目标不能是一成不变的，而是要根据学校、班级、运动项目的不同而灵活制定，在目的上要具有针对性，在内容和方法的运用上要具有一定的弹性，从而有助于体育教学目标的实现。

具有弹性的体育教学目标产生的积极意义主要体现在：为体育教师提供一个较为宽松的教学环境可以根据学生的实际情况，能够根据教学过程中无法预料的情况适当地调整教学目标，以达到更为理想的教学效果；从学生的角度来说，这有利于发挥他们在体育学习过程中的主观能动性，从而促进他们身心健康的全面发展。

（6）共同性。根据教学活动的两大主体要素，体育教学目标所涉及的对象主要有具有主导作用的教师以及处于主体地位的学生。体育教学目标的达成是教师和学生共同合作、共同努力才能够实现的。除此以外，需要注意的是，体育教学目标设置的关键点在于教师的教学活动对学生的思维和行为会引起什么样的变化、如何引起这些变化、怎样使教学活动引起学生产生积极有效的行为变化等问题上，这是其体育教学目标设置的根本性意义。

3. 学校体育目标的层次划分

学校体育目标作为一个多层次的结构体系，当我们从多角度对其进行审视时，可以清楚地发现根据不同的目标层次能够拥有多种划分方法。

根据体育目标自身所具有的结构，可以将其划分为总目标与子目标；根据时间的跨度可以将其划分为长期目标、中期目标以及短期目标；根据教育阶段则可将其划分为学前教育阶段目标、义务教育阶段目标、中等教育阶段目标以及高等教育阶段目标等；根据学校体育的具体内容可以将其划分为体育与健康课程目标、课外体育锻炼目标、课余训练目标以及课余体育竞赛目标，其中体育与健康课程目标又拥有四个不同的目标。

课程目标具体分为运动参与、运动技能、身体健康、心理健康与社会适应四个学习方面,这四个方面是一个相互联系的整体,各个学习方面的目标主要通过身体练习实现,不能割裂开来进行教学,要注重学生的全面发展。

课外体育锻炼目标是指预期学生通过课外体育活动所能获得的身体、心理、技能等发展变化的结果,主要通过早操、课间操、课外体育活动等途径实现此目标,对学校体育目标的实现具有重要意义。

课余体育训练目标是指对少数参加课余训练的学生经过训练后体能、技术、技能等所应达到的水平。课余体育竞赛目标是指预期通过开展丰富多样的课余体育竞赛,使学校、学生、教师得到应该得到的收获。课余体育训练目标和课余体育竞赛目标都是学校体育总目标实现的重要组成部分,对学校体育实践活动具有指导作用。

4. 学校体育目标的确定依据

(1)我国的基本国情。要想明确我国的学校体育目标还需要与我国的基本国情进行关联,国家从始至终都极其注重学校体育工作的开展状况,目前已将其纳入重点工作进行开展,但我国依旧处于社会主义初级阶段,各个地区的经济实力以及文化发展水平不均,人民群众的整体文化素质以及体育观念与发达国家相比较为落后,而且各地区学校体育的发展也很不平衡,不仅城镇与乡村之间存在差异,东部地区与西部地区之间也存在差异。因此,在对体育目标进行制定时不仅要将国情放置在首要地位,还要充分考虑到各地区的发展特点以及整体教育水平。

(2)社会需要。社会需要是指社会政治、经济、文化发展对学校体育提出的要求,集中反映在"育人"的规格要求上。因此,在制定学校体育目标的过程中必须要将社会需要充分地体现出来,同时,学校体育身为教育中的一分子,其核心目的是为社会培养出能够适应时代发展的优秀人才。

社会需要以时间维度作为划分标准可以分为当前社会需要和未来社会需要;以空间维度作为划分标准则可以分为国家需要、民族需要、社区需要以及家庭需要等。因此,学校体育目标在进行制定时要充分考虑到时间维度与空间维度的需要,不仅要顾及当前利益,也要顾及未来的利益,并根据不同的社会需要及时进行转变。现阶段,社会为学校体育目标所提出的全新要求便是"人的全面发展"以及"终身体育能力"的培养。

（3）学校体育本身的功能。学校体育功能是其结构的反映，是其价值的体现，在制定学校体育目标时，要先考虑学校体育本身的功能，这些功能是否能够支撑学校体育目标的实现。如果学校体育本身不具备这项功能，则学校体育目标的制定就变成了无源之水。学校体育功能是制定学校体育目标的出发点。

（4）学生身心发展需要。学生身心发展需要是确定学校体育目标的重要依据，对此，学校体育应当及时摆正对该需要的看法。由于处于不同年龄区间的学生的身心发展特点并不一致，在进行体育目标制定时一定要顾及处于不同阶段学生的身心发展特点。处在 6～15 岁年龄区间的学生，虽然他们正值身体快速发育阶段，但是心理素质却极其不稳定，所以我们要重点培养学生学习体育的积极性，使其能够充分了解与体育相关的基础知识；该年龄区间学生的身体拥有极大可塑性，所以我们要着重对学生的身体形态展开相应的教育，帮助学生逐渐养成保持良好身体姿势的习惯；借助开展多种多样的体育活动，有效地促进学生多项身体素质的协调发展；通过对基本运动技能的熟练掌握，逐渐养成进行自我锻炼的行为习惯。16～18 岁年龄区间的学生，虽然他们的发育速度逐渐变慢，但是在身体形态、身体姿态以及身体素质等方面却存在着比较大的差异，不过此时的他们在体育方面已经拥有了一定的基础，所以该时期的学校体育应当以促进学生体能以及运动技能的不断提升为目的，深入开展体育与健康的理论教学；培养学生对于体育的学习能力以及进行体育评价的能力，使其拥有相应的创新能力，逐渐养成自己的体育爱好和擅长的项目，发展优秀的心理品质，不断提升自己的人际交往能力以及团队意识，拥有一定的身体素质，慢慢养成健康的生活方式以及积极进取的人生态度。

5. 学校体育目标的实现途径

（1）借助于体育与健康课程、课外体育锻炼、课余体育训练和课余体育竞赛的帮助。伴随着时代的发展，社会的进步，学校体育显然不可停滞不前，应当做到不断地前进，加强与学生家庭、社会之间的紧密联系，以此来共同促进学生身心素养的全面发展。增强学生家长对于体育的重视程度，通过"家校"联合的形式有效地对学生体育锻炼进行监督与支持，以此使学生能够真正地坚持进行体育锻炼，真正树立起终身体育意识。

要想真正实现学校体育目标，需要借助体育与健康课程、课外体育锻炼、课余体育训练和课余体育竞赛的帮助，不同的实践方式除了拥有各自的特点以及目标外，还需要负责属于自己的任务，只有这样才能够真正实现学校体育目标。

1）体育与健康课程。我国的体育与健康课程是学校教学中小学、初中、高中、大学阶段的必修课，它不仅是学校体育的基本组织形式，更是实现学校体育目标的一个重要途径，担负着对学校中的全体学生普及体育、促进身体健康发展等多种责任。每个教育阶段均需要根据中华人民共和国教育部所下达的相关文件，按照文件中的具体要求展开体育教学，配备专业的体育教师以及相应的运动场地、运动器材、运动设备，以此有效地为学校体育课程的顺利开展提供相应的保障。该课程不仅是学生接受众多体育教育的途径中最为正规、最为有效的，更是培养学生终身体育意识的主要教育途径。

目前，我国主要通过开展体育教学、开设体育与健康课程，帮助学生进一步掌握体育与健康的理论知识以及各种体育项目的基础技能；帮助学生在进行体育学习的过程中感受到来自运动的快感，感受由体育带来的自我挑战；帮助学生学会尊重与友爱、协作与竞争、遵守规范道德的社会生存法则。因此，体育与健康课程便是能够实现学校体育目标的途径之一。

2）课外体育锻炼。课外体育锻炼指的是课前、课间和课后在校园内部开展的以健身、娱乐为核心目的的学生体育活动，课外体育不仅组织形式十分灵活多变，而且其所涉及的内容也极其丰富多彩，既是学校体育工作重要的组成因素，也是达成学校体育目的的一个主要途径。

3）课余体育训练。课余体育训练是指借助课余时间，针对部分学生所开展的体育教育活动，其不仅贯彻了学校体育中的"普及"与"提升"原则，还承载着我国体育文化，更是达成学校目标的主要途径。

4）课余体育竞赛。课余体育竞赛作为学校体育中的重要组成部分，也是达成学校体育目标的主要途径。通过开展课余体育竞赛，不仅能够有效地增强学生的身体素质以及对于体育的学习兴趣，还能够培养学生的道德品质以及人格魅力。因此，该方式也是达成学校体育目标的主要途径。

（2）认清学校体育地位，全面贯彻国家的教育方针。受我国传统教育思想的束缚，学校体育的存在经常处于十分尴尬的局面，时刻处于被"边缘"的状态，这不仅对学校体育的正常发展造成了严重的阻碍，还对教育的进一步发展以及学生的全面发展均造成了十分不利的影响。

因此，我们在开展学校体育的过程中要始终贯彻国家制定的教育方针，坚持以培养适应时代发展的优秀人才为核心，摒弃落后的教育观念以及体育观念，真正地从应试教育进入到素质教育之中，真正地弄清楚学校体育在学生教育中所处的地位，建立一个全新的学校体育工作格局，与其他学科一起为培养适应时代发展的优秀人才而努力。

（3）以系统的观点展开学校体育工作，从而有效地促进学生身心的全面发展。学校体育工作作为一项系统工程，学校体育目标的实现与学校体育系统的整体效益之间存在着密切联系。

首先，学校体育要充分结合健康教育、卫生保健工作，始终将"健康第一"作为核心思想，促进全体学生身心健康得到不断提升。一方面要传授学生相应的体育知识、体育技能以及体育技术；另一方面还要教授学生如何才能科学地进行身体锻炼以及如何才能养成健康的生活方式。健康教育与卫生保健教育的结合，能够更好地促进学生身心健康进一步发展。

其次，坚持课内与课外相结合。体育与健康课程是实现学校体育目标众多途径中的其中一个途径，因此，要想真正地实现学校体育目标，仅凭课内的教学显然是不够的。所以，课内教学与课外教学要紧密结合起来，确保学生每天能够拥有1小时左右的体育锻炼时间，只有这样学生才能够借助于课外的体育活动来对体育课堂中所学习到的体育知识、体育技能等进行巩固，逐渐养成体育锻炼的习惯。

最后，坚持普及与提高相结合。学校体育工作要坚持以普及体育为核心，在进行体育普及的过程中不断提高自己，在提高的指导下进行普及。学校是否开展课外体育活动、课余体育训练和体育竞赛的前提条件便是体育教学质量是否得到了提升、体育课程是否顺利开设。我们要积极地构建"家校社"三位一体的体育发展模式，保证每名学生每天都能够有1小时左右的锻炼时间，以此来有效地促进学生身心的全面发展。

（4）加强体育师资队伍建设，促进学校体育工作的顺利开展。体育教师不仅是学校体育工作的主要实施者和组织者，还是执行学校体育政策的执行者，是学校体育工作是否顺利开展的关键所在。学校体育改革是否成功与体育教师有着直接联系。但是，我国目前存在着体育师资力量不足的现象，尤其是偏远地区以及乡村地区，不仅缺乏体育教师，而且其教学质量也不合格，因此，学校体育工作的当务之急便是加强体育师资队伍的建设力度。

首先，以各地区的实际情况为基础，各级管理部门按照国家制定的相关法律法规以及相应的文件，合理搭配充足的体育教师，改变体育教师的整体结构，强化体育教师培训工作，有效提升师资队伍的整体质量。

其次，不断提升体育教育专业整体的教学质量，以实际需要为基础，培养出既拥有高尚道德品质，又拥有深厚的专业知识以及扎实的运动技能的优秀教育人才。

最后，通过改善体育教师待遇，以及提升体育教师的经济地位以及社会地位，有效地激发出体育教师对于教学的积极性，从而促进学校体育工作的顺利开展。

（5）加强学校体育的科研工作力度，推动学校体育改革的进度。我国学校体育正值发展与变革的关键阶段，不光体育课程遇到了众多问题，体育教师对于教学工作也产生了全新的困惑，而要想全面解决这些难题，则需要进一步加强学校体育的科研工作力度。所有负责进行学校体育工作的工作人员均要以学校体育改革为基础，辅助以相应的教育理论，展开进一步教学工作以及科学研究工作，吸取改革过程中遇到的经验教训，探究学校体育的发展规律，摸索我国特有的学校体育发展道路。

（6）处理好继承与发展、学习与创新的关系，加快学校体育改革步伐。学校体育改革的当务之急便是建立具有中国特色的学校体育。受历史因素的限制，学校体育在我国诞生起，便是以学习外国经验为主，严重缺乏创新，处于缓慢发展的状态。我国的学校体育应当担负起宣扬与继承我国优秀的传统体育文化以及传统体育项目的重担。

基于此，我国学校体育工作应当以社会发展和教育发展所具有的阶段性特点为基础，借鉴我国学校体育的发展过程，对我国优秀的体育文化进行继承和宣扬，使其能够为全新的拥有中国特色的学校体育的建设奉献自己的力量。除此之外，我们还可以参考其他发达国家的成功经验，通过国际之间的文化交流，提升学校体育改革前进的步伐。

（7）增强管理的科学化、法治化，为学校体育提供制度保障。《中华人民共和国教育法》《中华人民共和国体育法》《学校体育工作条例》等是我国现阶段适用于学校体育工作的相关法律法规。虽然这些文件的发布为学校体育工作提出了更加具体、更加清晰的具体要求，但是由于这些文件与法律法规并不具有相应的监督管理体系，导致大多数学校在实际的体育工作中存在着"上有政策，下有对策"的不良现象，而且真正能够运用到学校体育工作中的经费与领导对于体育所持有的态度上存在着直接联系。因此，增强学校体育管理制度的科学化、法治化，为学校体育各项法规、文件的执行、落实制定相应的保障体系，才是达成学校体育目标的核心内容。

（8）增加学校体育经费投入，提供必要的物质基础。只有当学校体育工作拥有了一定的物质基础时才能够顺利开展。但是，学校体育经费短缺的问题依旧是阻碍大多数学校体育进步的重要因素。要想真正解决这一问题，则需要做到以下几个方面：

首先，各地区政府部门需要进一步加大对于教育的投资力度。

其次，遵循教育部印发的《中学体育器材设施配备目录》和《小学体育器材设施配备目录》中对于中小学体育器材配备提出的具体要求，积极地针对不同学校中相关设施的配比进行改善。

再次，根据中共中央、国务院《关于加强青少年体育增强青少年体质的意见》中的精神，各级政府要做到统筹协调、因地制宜，增强学校体育设施的建设力度。城市和社区在进行体育设施规划的过程中要将青少年的锻炼需求充分考虑进来，公共体育设施的建设过程中要充分考虑到学生是否能够使用，学校内部的体育场馆则应当在课余时间以及节假日面向学生全面开放。

最后，充分调动起社会单位、团体以及家庭对于体育的积极性，开通多种渠道，通过多元化的投入方式，有效地对学校中的体育场地、器材、设施等进行改善。同时，我国各地区的学校应当始终贯彻因陋就简、因地制宜的基本原则，根据该地区的地形地貌以及传统文化，积极地开发当地的体育课程资源，以此来确保学校体育工作能够正常进行。

（六）学校体育的课程

1. 学校体育课程的设计理论

体育教学设计实际就是要提供一种"高效低耗"的可操作性的方案，既要能够促进学生身体素质的发展，又要能促进学生思维和智能方面的发展。作为一种多层次、多环节、多要素的体育教学设计，它必须以体育教学的相关理论为依据，利用系统化和科学化的方法对其中出现的各种问题进行分析，将体育教学的重大意义和价值充分显示出来。以下主要是针对学年度的体育教学设计进行的相关研究，也就是以年级为基础，根据学生的兴趣爱好和年龄特征，以新课标为大背景，对体育教学内容和具体实施进行合理规划，同时还需要注意相邻的年级之间学习的内容和难度上的衔接性。

（1）体育教学设计的基本理念。受传统体育教学思想的影响下，很多体育教师的体育教学流程基本上都是"讲解—示范—模仿—练习"的模式。当今，随着体育教学改革的不断深入，全新的体育教学理念被确定下来，新课标强调的是体育教学中的人本主义思想，教育者要注意教学目标的合理性、教学内容的科学性，也更加关注教学方法的选择，目的是要提升学生的学习积极性，使学生养成良好的锻炼习惯和正确的体育价值观。通过对我国体育教学的分析和研究，科学化的体育教学的设计理念总结如下：

1）创设游戏情境，激发学生的学习兴趣。对新鲜事物的好奇心、追求趣味性是人们的普遍心理，因此体育教师在体育教学中要注意对学生学习兴趣的培养，以激发学生的发散性思维和创新能力。在具体的实施过程中，可以根据学生群体性的特点、教学目标的需要和教学内容的特征，创设适合的学习情境，也可以以游戏或者比赛的形式将教学重点呈现出来，这样就可以调动学生对于学习的积极性和参与度。因此，设置引人入胜的情境在体育教学设计中尤为重要。

2）创设操作情境，培养学生的自主能力。学生要想获得知识和技能必须要经历一个学习的过程。在教学的过程中，最重要的不是看学生掌握了多少知识和技能，而是教师是否能够依据学生认知发展的规律来组织教学，最终让学生喜欢学习、善于学习。

现代教育理论要求着重培养学生的学习主动性，要让学生乐于参与体育教学活动，而不仅仅是扮演学习的旁观者的角色。所以体育教师要为学生努力创造可操作的学习情境，将学生推送到教学课堂的主体位置上，提升他们的参与感和责任感，同时促使他们的注意力高度集中，在不知不觉中全神贯注地投入到学习中，从而能够轻松地掌握相关的体育知识和运动技能。

3）创设问题情境，培养学生的探索能力。教学的过程实际上就是师生之间展开的一种合作和互动的活动，它需要师生共同发现教学中的问题，探索问题的解决方案，最终成功解决问题。因此教师要善于在教学的过程中根据问题创设的、生动的情境，从而将新旧知识中的核心问题展现给学生，让学生能够理解问题的存在，并积极探索问题产生的原因以及解决的办法。通过这样的途径可以提高他们对知识的认识以及分析问题和解决问题的能力。

4）创设交流情境，培养学生的合作精神。小组合作式学习是一种高效的教学形式，该教学形式有诸多优点：需要所有成员参与，每位学生都能从中得到锻炼；促进学生之间的交流与沟通，发展学生的团结合作能力；促进学生通过相互的沟通，从而认识到自身的不足之处，相互之间可以取长补短，以获得共同进步。

因此，为了提升体育教学效果，教师应当根据教学内容等实际情况有计划地组织学生进行交流讨论，为学生创造交流互动的条件和环境，促使学生养成独立思考、敢于表达自我、发展自身个性特征等良好习惯。

5）创设生活情境，培养学生的实践能力。体育项目多数来源于人们的日常生活，又逐渐发展成为人们生活的组成部分，因此体育活动在我们的生活中无处不在。因此，体育教学设计的工作过程要注意体育教学的生活化，也就是要将体育与生活相互促进、紧密结合，当体育学习活动与学生的实际生活产生了联系，可以大大增加他们对于体育学习的兴趣，同时也可以促进学生发现体育的更多价值，对于他们的实践能力和知识迁移的能力也将有所提升。

在体育教学过程中增设生活情境，可以消除学生对于新知识的陌生感，使其自然而然地进入学习状态；同时还可以通过体育知识与生活实践之间的关联性，提升学生对体育价值的认识，并帮助他们运用所学知识解决生活中的实际问题。

（2）体育教学设计的特点

1）超前性。设计本身就是要在实施之前应完成的，从设计的概念意义上来讲已经决定了其超前性。对于体育教学设计而言，体育教学设计是在体育教学之前就要完成的，也就是说先有体育教学设计，再有体育教学实施。体育教学设计的本质是针对具体的教学内容和目标，对体育教学的各个要素，体育课程的各个环节，以及可能出现的问题和方案进行预想和构思，使得体育课程实践得以顺利开展。体育课程设计是体育课程教学的主要组成部分，其中所蕴含的理念也是体育教学评价的重要参考因素。所以说体育教学设计是一个具有超前性的工作。

2）差距性。体育教学涉及的要素多、教学的内容广、体育教学目标呈现出多重性特征，因此其可变性因素比较大，不管是课时、周计划还是学期的进度和实际状况极易与原计划产生一定的偏差。体育教学本身就是对未来的一种构想，由许多不确定的因素构成，实施过程中与期初的设计产生一定的差距属于正常现象。

基于体育课程设计的以上特征，体育教师在实际的教学过程中要注意对教学的各个环节进行灵活的调整和优化。①坚持体育与健康教育的先进理念，以学生的实际需求和促进全面发展为基本的出发点开展一切体育教学活动；②体育教学是以身体活动为主的教学活动，其本身就具有较大的复杂性和可变性，因此体育教师要善于发现教学活动中出现的问题，并针对发生的原因快速地调整教学的方式和方法，同时对于常见问题要设计出比较完善的解决预案，只有通过不断思考和完善解决问题的方法，才能较好地弥补教学设计与教学实践之间的差距。

3）创造性。体育教学设计要以教学各要素、学校所处的地理人文环境等为主要依据，但是为了促进体育教学的进一步发展，有必要对体育教学做一些具有新颖的、富有创意性的设计。根据现代体育教学设计的理论，提倡在体育教学过程中添加一些具有新意的元素，这样可以体现出体育教学的本质性特征，同时也可以为学生提供一定的可以发挥其思维创造性的空间。

具有新意和活力的体育教学的课程同时也是激发学生创造力的过程，也是考验教师创新精神和创新能力的过程。要提升教学设计的创新性，其前提条件是体院教师要具备深厚的文化基础和过硬的专业知识，具有丰富的想象力和创造性的思维，将综合能力的培养较好地融入体育教育的基础教育中，这样才能设计出高效的体育教学方案，切实提高学生的创新意识和创新能力。

2. 学校体育课程的内容体系

（1）学校体育课程教学内容的内涵。体育教学内容承载着实现体育教学目标的重要使命，其主要是通过对体育知识和技能体系的选择和运用来完成体育教学的实施。教学内容同时也是将书面知识转变为学生的知识储备和运动能力的一个中间媒介，它需要在一定的教学环境中，通过科学的教学方法和手段才得以实现。一般地，可以从以下角度来理解体育教学内容的含义：

第一，体育教学内容是组织教学的主要来源和主要依据，在体育教学实践中，一项优秀的、出色的体育教学内容实际上是体育教师通过自身对体育文化的研究和对体育运动技能的研究的基础上精选出来的，它是以体育教学目标为指引，结合了教师自己的教学经验及其专业知识的储备，而最终确定下来的。

第二，体育教学内容是在教师与学生之间进行沟通交流的基础和媒介。

第三，体育教学内容对体育教学的方法的运用具有一定的制约作用，制约体育教学方法和教学手段的选用。

第四，体育教学内容的选择对于体育教学目标的实现也会有一定的影响。

（2）体育教学内容的目标与要求。体育教学的内容是处于不断变化发展中的，其取材于人类发展的不同时期，其共同的特点是对现代文明的发展具有积极的促进作用，适合于现代人才培养的需求。对于体育教学内容的选择，不同地域的群体之间存在较大的差异性，这主要是由于地理环境、气候条件、民众的意识形态以及政治经济发展水平都有一定的差异性，本部分主要是结合教学实践的经验对体育教学内容的目标和要求进行相关探讨，以期为体育教学工作者对体育教学内容的目标有更清晰的认识。

1）传统性体育教学内容的目标和要求。传统性体育教学是指用传统的教育方法对学生展开体育运动技能的训练，现代体育教学内容虽然由于时代的发展在不断更新迭代，但是传统性体育教学内容在整个体育教学体系中仍然占据着不可替代的重要地位。以下是对常见的体育教学内容的教育目标和要求展开简明的论述：

第一，体育保健。体育保健教学内容的目标：教授学生卫生保健知识和原理，让学生通过这些体育知识，对体育教学有一个初步的认识，如体育对于人的成长的主要作用，体育学习对于个人、社会和国家所具有的重要意义，从而促使学生自主、自觉地加入体育锻炼的队伍中来。

体育保健教学内容的要求：体育保健教学内容的设定要与社会发展状况以及学生的实际需求为依据，并且要与后续的体育运动的教学实践相呼应。

第二，田径运动。田径运动教学内容的目标：通过田径运动的教学，让学生了解田径运动的基础理论和一般规律，掌握各项运动的基本原理和方法，这对于田径运动技能的掌握，以及促进学生认识到田径运动对于他们身体素质的提升的积极作用都具有重要的意义。

田径运动教学内容的要求：在过去的体育教学中，常常从竞技类运动的角度分析和理解田径教学内容的作用，在新时代背景下，要求田径教学的内容设计和组织都应当从运动项目的特点、学生的适应度、文化背景、技能的运用范围等角度综合考虑，而不是一味只追求运动项目的竞技水平。同时田径运动的运动负荷一般都比较大，如果超出学生的负荷量则可能对其身体带来危害，因此为了保证教学和训练的效果应当依据学生的体质和年龄特征对教学内容进行灵活调整。

第三，体操运动。作为一种重要的体育运动项目，体操运动在青少年群体当中具有极高的热度，其主要原因是操作简单，并且在维持人体各方面的平衡和健美的体型等方面具有非常好的效果。

体操运动教学内容的目标：①让学生充分了解体操运动文化，充分理解体操运动对健康的促进作用；②让学生掌握体操运动的基本原理和方法，帮助学生可以在日常生活的场景中通过体操运动达到健身的效果；③引导学生在体操运动中有安全意识，尽量避免在锻炼过程中发生意外伤害。

体操运动教学内容的要求：体操对于提高身体的灵活性和协调性有着显著的作用，而且还能给学生带来较为理想的情感体验。这对于体操运动教学提出了一定的要求：一是从身体体质健康、心理健康和竞技要求等方面来设定体操运动的教学内容；二是教学内容的编制要具有一定的层次性，保障学生的运动能力和水平处于稳步上升的状态；三是要注意因材施教，根据学生不同的身体条件开展区别化的专项训练，保证从整体上提高体育教学的质量。

第四，球类运动。球类运动品种较多，主要包括篮球、足球、排球、乒乓球、网球等。球类运动的总体特点是充满了激情与动感活力，而且也具有较高的竞技性和趣味性，所以在青少年群体中很受欢迎。

球类运动教学内容的目标：①让学生了解球类运动的基础知识和比赛规则；②让学生掌握球类运动的一些基本比赛技能技巧。

球类运动教学内容的要求：①球类运动一般都是群体性运动，因为参与人数较多，赛场上形势瞬息万变，应对的技巧也比较复杂，所以在安排球类教学的时候就不能总是只针对某一项技能进行教学而忽视了技能在具体竞赛情境中的应用，只有这样才能更好地掌握球类运动的基本特征和核心要点；②教学内容的安排顺序要注意比赛实践的需求，在注重技能训练的同时还要着重培养学生的团队协作精神。

第五，韵律运动。韵律运动与其他形式的运动最大的差别就在于将舞蹈、音乐和运动完美地结合在一起，同时也糅合了舞蹈、健美操和健身体操的元素特征。

韵律运动教学内容的目标：使学生了解韵律运动的基本特征，培养学生的节奏感和审美情趣，了解韵律运动的基本原则并掌握相关的技巧；通过韵律运动的学习，帮助学生形成健康的心理状态，塑造优美的身体姿态。

韵律运动教学内容的要求：①由于韵律运动具有较强的表现性，同时还可以塑造形体，对于服装、音乐的选择都有着较高的要求，所以韵律运动的教学也要着重培养学生的艺术素养和审美意识；②通过韵律运动的学习要学会试着自己创编新的运动内容，因此要求学生要善于观察、勤于思考，注意自身创新能力的培养。

2）新兴体育教学内容的目标和要求。当今社会科技高速发展，人们生活水平大幅度提升，相应的，各国政治、经济、文化等方面也获得了许多新的发展，由此许多新型的体育运动项目逐渐兴起并迅速流行开来。

第一，乡土体育。乡土体育是体育教育改革和创新的产物，它们是由体育教学研究者开发出来的，具有健身效能和浓厚的乡土特质的一种新兴的体育课程资源。

乡土体育运动的教学目标是：让学生对我国乃至全世界的一些民间体育和民俗风情产生一定的了解，并选择性地学习和掌握一些具有地方特色的乡土体育项目知识和技能，让更多的人了解和学习具有当地体育特色的体育运动项目和体育文化。

乡土体育教学内容的要求：由于乡土体育主要来源于民间的自发形成，因此要特别注意其内容的文化传播功能，另一方面是要注意锻炼的安全性和规范性，吸取其中的具有文化意义和健身价值的技击因素，摒弃其中具有负性的因素和不正确的练习方式。

第二，体适能与身体锻炼。为了促进学生的身心健康协调发展，部分具有较强针对性的锻炼方式被引进现代体育教学课堂。这些锻炼内容与运动项目的技能学习和训练完美结合，对于提升学生的身体素质和运动技能起到了很好的促进作用。

体适能与身体锻炼教学内容的目标：通过体适能教学让学生掌握运动和身体锻炼的基本原则和方法，以此来帮助他们更加有效地提升运动技能。

体适能与身体锻炼教学内容的要求：一方面，由于学习的对象是学生，因此教学要依据学生的年龄特征和他们的体质情况，遵循青少年体育运动的基本规律；另一方面，教学内容的选择要注意符合国家的相关规定并注意锻炼的科学性和时效性。

第三，新兴体育运动。新兴体育教学内容的教育目标：通过新兴体育运动的教学，使学生理解流行体育的文化内核，激发学生对于体育运动的兴趣，并引导学生理解体育运动对于健康生活的意义，从而提升体育教学的效果。

新兴体育运动教学内容的要求：①基于新兴体育具有较强的流行性印记，因此在选择这类运动项目作为教学内容时，需要考虑其是否符合体育教学的基本要求；②注意教学内容的安全性、文化性和实践性，避免出现任何不利于学生身心健康的内容。

第四，巩固和应用类课程的基本教学内容。巩固和应用类课程教学内容的目标：促进学生将体育运动的基础知识打造得更加坚实和牢固，并能够积极与体育运动实践相结合，使得学生在体育运动技能方面获得较大的提升。

巩固和应用类课程的基本教学内容的要求：①将巩固应用类课程与具体的体育教学内容相结合，并且要对课程内容进行一定广度和深度上的拓展，同时提示学生该类课程主要的应用范围有哪些；②鼓励学生在对已学习的知识进行应用的时候充分发挥自己的发散性思维，积极创新。

（3）体育教学内容的编排

1）体育教学内容的编排方式

第一，螺旋式编排方式。螺旋式的体育教学内容是指当某项运动项目的教学在不同的年龄或学段重复出现、逐步提高的一种设置方法。

第二，直线式编排方式。直线式教学内容的编排是指某项体育运动项目的理论学习和身体练习是一过性的、不间断的，一旦学过之后就不会再重复。

2）体育教学内容编排的注意事项。在编排体育教学内容的工作中，要注意以下问题：

第一，充分考虑学生的基础与实际需要。体育教学的对象是学生，因此必须要对学生的身体基础和理论基础有一个全面的了解，同时还要考虑学生的实际需求，这样才有可能产生实际的教学效果。与此同时，体育教学的难度上的安排也需要做缜密的规划，要保持一定的紧张度，又不能超出学生所能承受的负荷范围。

第二，高度重视不同的体育运动和身体练习的特征。在对体育教学的内容进行编排时，由于不同的运动项目的运动技能的具体要求各不一样，因此需要对其进行学习、巩固并做一定的改进，在领会其运动练习的核心特征的基础上能够灵活运用。

（4）体育教学内容的选择

1）体育教学内容选择的依据

第一，体育课程目标。体育课程目标是体育教学活动的导向，因此体育教师对此要始终引起注意。体育教师可以根据体育课程目标寻找或筛选合适的教学内容。体育课程目标为体育教学内容提供了先导和方向，所以体育课程目标的设立都必须要经过专家的多方考证，以确保其科学性和可行性。体育科学化目标具有多元化特征，体育教学内容丰富多样，许多运动项目从某种程度上来说具有一定的共性，因此要对体育教学内容的主要特征进行分析，从中选出最具有代表性和最能够体现体育教学目标的教学内容。

第二，客观教学规律。①选择体育教学内容要注意体育教学的一般规律，这也就是说在各个教学阶段都要选择与学生的年龄、身心发展规律、技能习得的规律以及他们的认知发展规律相匹配的体育教学内容。②要获得良好的体育教学效果离不开学生的主动参与和积极配合。对于青少年而言，对于自己感兴趣的、喜欢的内容，他们的学习热情就会大大增加，同时学习效率也会倍增。因此体育教师要充分利用这一点，在体育教学过程中加强师生互动，添加一些趣味性的元素，同时还要注意采用多样化的方式进行教学。

第三，学生发展需要。体育教育教学的对象是学生，学校体育教育的意义在于促进学生在身体素质和认知能力都能够获得相应的发展。体育教学内容要考虑学生的喜好和他们的适应能力。将学生的切实需求与趣味性相结合，设置学生乐于接受的体育教学内容体系，促使学生获得全方位的提升。

第四，社会发展需要。学生的个体发展是存在于一定社会环境下的，其不可能脱离社会发展的实际状况而独立存在。因此，在选择体育教学内容时除了考虑学生在健康方面的需求外，社会发展的客观需求也应当被纳入考虑的范围。社会是实现个人价值的归属地，体育教学内容必须要有鲜明的时代性，要能够清楚地洞悉社会对于人才有着什么样的变化和要求，并由此设立与之相适应的体育教学内容，以此提高学生的社会适应性。

2）体育教学内容选择的原则

第一，教育性原则。①从教育育人的基本观点出发，对体育教学内容进行合理性选择；②将健康第一的思想落实到体育课程目标的设定和体育教学内容的选择上；③重视体育教学内容能否体现积极向上的、优秀的文化内涵，促使学生在获得体育运动技能方面提升的同时也可以在文化修养方面有所提升；④考虑体育教学内容产生的效益是否具有均衡性和全面性，指的是体育教育要促进学生的智力水平、思想品德、身体素质等方面全面发展，同时，还要注意不同年龄和不同学段的学生身心发展特征以及学生之间的差异性特征，这些因素都是在体育教学选择中需要予以关注的问题；⑤体育教学内容选择还要与社会发展和普遍性的价值观相一致，这将有利于学生的社会性和时代性的发展。

第二，科学性原则。科学性在体育教学内容的选择可以说是举足轻重的，其主要对体育教学质量的好坏，以及学生发展的快慢能够产生不可估量的影响。①体育教学内容必须是对学生的身心发展有积极作用的；②促进学生提升科学锻炼的意识，对于科学锻炼的原理和方法形成一定的认识，有了健身意识和科学锻炼的理论指导，学生就会自然而然地自觉参与体育锻炼活动；③注意选择设计科学的体育教学内容；④体育教学内容应当与学校的师资以及硬件设施等客观条件相结合。

第三，趣味性原则。兴趣是提高学习效率的最好帮手。兴趣是决定学生体育学习效果的一个主导性因素，因此体育教学应当突出其趣味性。有的体育教学内容过于强调竞技水平，应予以摒弃或对其进行改良。不可否认的是，多数竞技项目具有较高的健身价值和教育价值，但是如果一味地用培养专业运动员的方法来进行日常的体育教学会使得学生对体育课产生抵触情绪。同时，培养学生在体育运动上的多样化、方向性的兴趣，为学生的多元化发展准备必要的条件。充分考虑到学生的喜好，尽量选择有一定趣味性的教学内容，同时还要积极选用游戏、竞赛、角色互换等多样化的课堂形式内容来展开教学。

第四，实效性原则。实效性，就是指教学内容的选择要具备简单易行、能够带来较大的实际教学效果，同时又能够促进学生身心健康的发展。符合这些条件和要求的体育教学内容可以说都是比较好的选择范围。实效性就是要讲究实际的教学效果，国家相关文件要求一改过去教学过于依赖教材的现象，而是重视体育教学实践，着重提升体育教学的实际效果。与此同时，体育运动项目种类繁多、五花八门，体育教师在进行甄选时要注意时下流行什么、哪些项目是受青年学生所喜爱的、是否具有较高的健身价值和教育意义，只有注意这些问题才能够将体育教学与学生的生活联系起来，有效促使学生形成正确的、积极健康的体育观。

第五，适应性原则。适应性原则的根本要点就是要求体育教学内容的选择要因地制宜，这主要是由于不同地区的地理环境、气候条件、文化习俗、经济发展水平存在一定差异性，他们对于体育教学目标内容的诉求也就不一样，因此需要区别对待，以实现体育教学效果的最优化。

第六，民族性与世界性相结合原则。体育教学内容要体现出民族性特征，也要与世界体育发展理念和发展趋势完美对接，这样才能把我国建设成为名副其实的体育强国。我们要以客观的眼光看待任何事物，既不能对自己民族性的东西盲目自信，对于舶来品也不能盲目崇拜，当今体育教学的宗旨是既要跟上世界发展的潮流又要体现民族特色。因此，这就需要我们在保持传统体育优秀部分的同时要选择性地吸收和借鉴国外体育教育课程中的精华部分，形成具有时代性、先进性和中华民族特色的体育教学内容。

3）体育教学内容选择的过程与步骤

第一，积极评估体育素材的价值。体育教师平常要多关注社会生活和社会的发展和变化，以便于在选择体育教学内容的时候可以根据社会生产和科技、教育等方面的发展对人产生的影响以及人们在体育健身方面的需求较之过去发生哪些变化，然后以此为基础，对已有的体育素材进行具体分析。选择合适的体育教学内容需要进行科学的论证，要看其是否能够促进学生的身心健康发展、是否能激励学生自主进行体育锻炼、是否能够提升学生的思想意识水平，依据所选的内容展开体育教学活动。

第二，有效整合运动项目与练习。体育运动项目种类繁多，运动的形式也各式各样，因此对于人体产生的作用也是有所差异的。基于以上事实，在实际的体育教学中，在选择体育教学内容时，就必须在学校体育教学目标的基础之上，分析出各个体育运动项目对学生身体机能和体能素质具有哪些方面的促进作用，以及其中的原理是什么，然后将不同侧重点和功能的体育运动项目进行整合、筛选、加工，最后形成具有全面促进学生身体素质增强的体育教学内容。

第三，选择有效的体育运动项目。事实上大部分的体育运动项目都适合于作为学校体育教学的素材，关键问题就在于对这些体育内容素材怎样进行选择和组合，以在有限的时间和空间内发挥出体育教学最大的效能。学校体育教学内容可选择的范围很广，要在教学的时间段完成全部项目的学习是不现实的，因此就需要在学校客观条件和学生全面发展的需求的基础上选择那些具有代表性的体育健身项目作为教学的重点内容。

第四，分析所选内容进行的可行性。选好体育教学内容，就需要对地理环境、气候特征、体育场馆、器材设施等做一个全面的考察，并分析体育教学内容的可行性特征，制定出与之对应的弹性实施政策，以便在可控的范围内完成体育教学内容，保证教学的质量。

二、学校体育管理

（一）学校体育管理的意义

学校体育管理是指为了实现学校体育目标，合理运用人力、财力、物力，采用最佳的手段与方法，遵循学校体育教育规律，对学校体育工作进行计划、实施、检查、总结的动态过程，它是学校管理的重要组成部分。

学校体育是我国教育事业也是体育事业的重要组成部分。学校体育管理是学校教育管理的重要环节，肩负着培育德、智、体全面发展的社会主义建设创造型人才的重任。规范化、制度化、一体化的学校体育管理，能在现有人力、财力、物力的条件下，通过最佳的手段和方法，取得更大的学校体育工作效益，以推动学校体育的可持续性发展。

（二）学校体育管理的目标与任务

学校体育管理的目标，是最大限度地保证教育方针以及国家对学校体育工作有关法规、条例的贯彻和执行，尽可能地发挥有关人员的积极性，有效地完成学校体育的各级目标。

学校体育管理的主要任务是贯彻、落实国家有关学校体育法规和政策；建立健全学校体育领导机构及实施机构；制定开展学校体育各项工作的制度、计划和有关措施；督促检查学校体育各项工作的落实和执行。

（三）学校体育管理的原则

学校体育管理在其决策和实施中，应遵循的原则主要是系统性原则、导向性原则、计划性原则、可控性原则和效益性原则。

1. 系统性原则

学校体育管理的系统性是指学校体育系统始终处于学校教育的环境之中，它作为教育管理系统中一个重要的动态的管理子系统，必定离不开外界环境这个大系统的影响。因此，就要求它根据具体情况，围绕完成学校教育和学校体育的各级各类目标，摆正位置，突出重点，从整体上系统而协调地处理好各种关系，以充分发挥学校体育各方面的作用，为学校管理目标服务，使各项学校体育工作得以系统开展。

2. 导向性原则

学校体育管理必须根据各级政府及有关部门所制订的阶段发展规划，结合实际，突出重点。通过制定相应的导向性措施，充分调动人的主观能动性与创造性，以确保学校体育工作的水平有目标、有计划地逐步提高。

3. 计划性原则

计划是管理过程的首要环节，无论哪项工作，没有计划，都无法完成任务，学校体育的计划性原则是指对学校体育工作决策的具体安排，它要求对学校体育作出全面系统的部署，先宏观后微观，统一计划、统一实施。如在学校体育教学过程中，制订体育教学工作计划时，首先应制订全年教学工作计划，其次制订学期教学工作计划，再制订单元教学计划，最后编写教案，才能具体执行和实施。

4. 可控性原则

学校体育管理的可控性原则是指在实施各级、各类计划目标的过程中，主要通过不断做科学量化的检查、评估，从中了解各项学校体育工作贯彻、落实的情况，发现具体执行中存在的问题，及时做出各种适当调整，以使各原定目标更加切实可行。

5. 效益性原则

管理的最终目的是实现计划目标。学校体育管理系统是为了追求一定的效益而组成的。学校体育管理的效益性原则是指要树立正确的效益观念，将当前效益与长远效益、局部效益与整体效益有机统一起来。

（四）学校体育管理的体制

建立、完善、健全学校体育管理体制，是确保政令畅通，充分发挥各方面积极性的重要措施，可为学校教育和学校体育提供重要的组织保障。我国现行的学校体育管理体制，可分为宏观管理系统和微观管理系统两部分。

1. 学校体育的宏观管理系统

学校体育的宏观管理系统由三个方面组成：国家学校体育行政管理机构、学校体育教育及科学研究管理机构、学校体育社会团体。

（1）国家学校体育行政管理机构。中华人民共和国教育部是学校体育的领导机构。下设职能业务部门包括学校体育卫生艺术教育司，主管各级各类学校的学校体育工作。其主要任务是制定和颁布学校体育发展的方针、政策、规划及有关制度；实施、监督及检查各种体育法规的贯彻执行情况；审定和颁布各级各类学校体育教育课程计划、课程基本要求和体育教学大纲；决定学校体育工作人员的编制及经费比例；领导和组织全国学生运动会；组织参加世界性学生体育比赛，开展国际性学校体育交流；指导学校体育教育科研机构及社会团体的业务工作。

国家体育总局下设群体司负责指导全国开展学校体育工作。

省级及省级以下教育行政部门，均设有专管学校体育工作的体育卫生艺术军体处（省级）、体育科（地、市级）、股（县、区级），在镇（乡）一级教育办公室中也配备了体育专职干部。体育总局系统的各级行政部门也相应设立了指导学校体育的机构。

（2）学校体育教育及科学研究管理机构。我国各地的高等院校、体育教学研究室、中等师范学校、教育（学校体育）科研所是我国学校体育教育、科学研究的主要机构，担负着培养和培训体育教师及体育管理人员，编写学校体育教材及有关专著，开展学校体育教学、科学研究等工作。

（3）学校体育社会组织。我国学校体育社会组织由学术研究团体和学生体育团体构成。学校体育社会学术研究团体是中国高等教育学会体育研究会、中国教育学会体育研究会及中国体育科学学会学校体育专业委员会。前者属于教育部门的社会团体组织，后者属于体育部门的社会团体组织。各省、自治区、直辖市，地、市、县教育部门或体育部门也都设有相应的学校体育的社会组织。他们负责开展学校体育学术交流活动；组织有关学校体育现状及发展的重点学术课题的研究；普及及宣传学校体育工作；开展学校体育工作的调查研究，向教育、体育行政管理部门提供咨询材料及合理化建议；举办各种培训及学习班；组织出版和推广有关学校体育书刊及科学研究成果；开展学校体育国际学术交流活动。

学生体育团体分为全国学生体育协会和全国中学生体育协会。全国各地也相应建立了学生体育协会和中学生体育协会，其基层组织是大、中、小学生体育协会或学生体育俱乐部。学生体育团体的任务是组织全体学生参加体育锻炼，增强学生体质；选拔有条件的学生参加课余体育训练，发现和培养优秀体育后备人才；组织全国性大学生、中学生体育竞赛；进行学校课余体育训练工作的评估及培训各级各类学校负责训练的体育教师；承接世界大学生、中学生体育协会的有关比赛任务；参加世界性学生体育比赛和体育交流。

此外，中国共产主义青年团中央委员会、中华全国学联等群众团体均设有学校管理部门，对学校体育有关部门组织的各种学校体育活动进行协调配合。

2. 学校体育的微观管理系统

学校体育微观管理系统指的是学校内的体育管理机构。从管理角度来说，学校体育工作的管理机构由学校体育工作领导系统、学校体育工作实施系统及学生体育活动组织三部分组成。

（1）学校体育工作领导系统。校长或学校体育工作领导小组（体育运动委员会），是学校体育工作的领导层。领导层的主要任务是根据《学校体育工作条例》的要求，结合本校实际情况，提出开展学校体育工作的总体规划，制订本校的学年体育工作计划，协调校内各方面的关系，并充分调动有关人员组织和参与体育活动的积极性。

（2）学校体育工作实施系统。学校体育系（部、室、组）、医院（医疗所、卫生室）的体育、保健及其他有关人员是实施学校体育工作的骨干。其主要任务是按照学校学年体育工作计划的具体要求进行宣传、组织与实施各项学校体育工作，并不断组织有关人员继续学习与提高业务水平，及时总结经验，定期向学校主管部门（人员）汇报。

（3）学生体育活动组织。学校学生会（共青团、少先队、学生体协、体育俱乐部等）是开展学校体育工作的主要活动组织。学校体育工作开展得活跃与否，与学生体育组织是否积极参加与组织管理有很大关系。其任务是根据学校有关安排，在体育系（部、室、组）的指导下，积极宣传、组织学校各项体育工作。

（五）学校体育管理的内容

1. 制订课程计划

要开展体育教学活动其第一个环节就是制订课程计划。具体而言，制订课程计划就是将一个阶段内的各项教学任务，以书面的形式体现到教学文件当中来。制订课程计划的步骤及要求如下：

（1）以体育教学目标和内容为依据，制订学期或学年的体育课程计划。此外，体育教学管理者还要综合考虑当前学校的师资类型和教学水平、学校的场地设备、班级数量和容量等因素，还要注意体育课堂教学与课外体育活动的合理范围内的比例分配，以达到体育运动训练的总负荷以及优化体育课程教学的效果。课程计划的主要内容有课程时数、不同周期的学时安排、不同种类的课程的教学环节（如课堂讲授、裁判实习、教学比赛、考试考查等）的安排等。

（2）下达教学任务通知书。当课程计划确定之后要将其具体事项填写到教学任务通知书上，然后发到体育教研室。

（3）落实教学任务。体育教研室在收到课程计划后要仔细研读，根据教学任务通知书安排与之相匹配的师资，并且要对全校的体育教学安排统筹兼顾，是体育教师人尽其责、场地设施物尽其用，对下达的教学任务实施模块化管理，每项教学工作都要细化和落实，每项教学工作安排都要清晰明了，每位体育教师的责任也要清晰明了。

2. 编排课程表

课程表是学校教学管理的重要内容和实施工具，对于规模庞大和班级数量多的学校来说，课程表在学校的规范化管理、教学的合理化安排等方面发挥着极其重要的作用。编排课程表要想做到科学合理、统筹兼顾是一项复杂的工程，其最大的难点就在于既要遵循运动技能的学习规律和不同年龄学生的身心发展规律，又要以最大程度来实现学生的体质健康发展，同时还要考虑学校现有的场地设施资源充分利用和教师资源适配性的问题。

因此，编排课程表实际就是对体育教学所需要的时间、空间、人力和物力的合理组织和安排，使他们能够发挥出其最大效能，使学校的教学工作能够有序运转，从而提高学校整体教学品质。

在编排课程表的过程中应该遵循以下原则：

（1）效率优先原则。效率优先原则主要是基于学生在一天的不同时段其记忆力水平、注意力集中程度等事关学习效率的要素是有所变化的，在安排课程时要考虑到这一因素以此提高学生的学习效率。例如，学生在上午一般注意力比较集中、精神状态比较好一些，所以尽量将较为重要的教学内容安排在上午，而将一些轻松的、休闲类的教学内容安排在其他时间段。

（2）有利教学开展原则。这里说的有利于教学活动的开展是指课表的安排要充分考虑到体育教师的体力与精力，由于体育教学对于体育教师来说是一项体力和脑力消耗都较大的活动，所以就要避免出现某一教师在某一时间段内多节连续课程安排的现象，以免造成一部分体育教师过于疲劳，而另一部分教师出现连续空课的情况。比较合理的安排应该是体育教师上课的频率相当，课程与课程之间有一定的时间用于休息和整理。

（3）合理利用体育资源原则。校园是体育资源相对丰富的场所，但是很多时候仍然不能满足体育教学和学生体育活动的需求。所以如果可以在编排课程表的工作上多花一些心思，可使学校的体育资源获得最大化利用，对于缓解学校体育资源不足的问题可以起到一定的效果。所以，合理利用体育资源实质就是提升体育场馆与设施的使用率，在允许范围内，使体育资源得以饱和运用，尽量减少场馆和设施的闲置时间，避免出现同一时间内某场馆设施严重超负荷利用，而另外的体育资源又被闲置的现象。

3. 日常教学管理工作

日常教学管理工作是学校教学管理工作的主体内容，教学计划需要通过日常的教学付诸实践，所以对日常教学工作的管理就是促进教学计划的顺利完成。此外，日常教学管理的另一个重要的意义在于可以为教学计划的修订与完善提供实践经验和参考依据。

日常教学管理工作主要是围绕学期教学工作的进度展开的。一般来说不同学期的教学及其管理有许多相似之处，但是到细节之处也会有一些差别。比如说每个学期都可以分为三个阶段，分别为期前、期中和期末，而这三个阶段的教学内容和教学重点都是有所不同的，多数情况下，前期主要任务是学习新的内容，期中和期末主要是对所学的内容进行巩固并进行考试。所以体育教师针对不同阶段的特征和规律，认真落实教学计划，组织教学工作，使得日常教学能够高效运转。

（1）学期前的主要工作。学期前主要是指开学前后的一段时期。这一时期教师需要对本学期的教学做准备工作，它对整个学期的教学工作起到一个引导的作用。如果开展得当，可以促进本学期体育教学的顺利进行。教师在学期前的主要工作如下：

1）制订本学期的工作计划。在开学前，所有教师都要认真地对上学期的教学工作进行总结，客观评价教学工作取得的成绩与不足之处，并分析其原因和改进方法；对于新学期的教学要求要认真学习并贯彻实施，与教研组教师一起研讨，制定出新学期的教学工作计划。

2）检查教学准备的情况。在教学工作计划初步定下来之后，还需要检查并核实每堂体育课所需要的教学材料、设施、教材等物质条件是否都已经准备好，这是教学组织和管理工作的一个非常关键的环节。其具体要求是教师的备课工作要具体化、科学化、操作性强；教材的要求是内容翔实、实用，形式生动、可读性强；教学设施的安全性要高并能够正常使用，对于有损坏或需要补充的器材要及时报修。

（2）期中教学的主要工作。期中教学工作重点主要有两个方面：①按照教学计划继续落实本学期的教学工作，并且要抓好教学效果不放松；②对本学期以来的教学效果进行阶段性的评估，其中最主要的评估方式就是期中考试。考试的原则就是对教师的教学质量做全面的考核，也就是要从不同的角度，以多元化的测评方法来进行评估。

除此以外，主管体育教学的校领导要将对期中教学和考评工作放在重要的位置上，对体育教学工作进行大检查，通过各项检查可以及时发现体育教学中存在的各种问题，然后对问题加以分析并对教学工作进行改进和完善。最后对问题进行汇总以供日后的教学参考，而且这对于将来的体育教学文件的制定和修订提供一定的案例依据。

（3）期末教学的主要工作。学期期末阶段是期末前开始一直到学期工作结束的一段时间，这是检验整个学期教学成果的时间。本阶段的主要工作是组织期末考试、分析教学质量和总结教学经验。

1）动员学生在期末考试之前的复习并组织期末考试。对于学生来说，期末考试是检验一个学期以来学习成果好坏的重要方面，所以学生都很重视期末考试，他们一般在期末考试之前的一个月左右就开始集中精力有针对性地复习。对于体育课而言，学生需要复习的主要内容就是回顾本学期所学的理论知识以及专项技术；体育教师则需要做好期末考试的动员工作和组织工作，具体包括根据教学目标和教学重点拟定理论考试的试题，确立体育项目技能考试的组织方法和评分标准等；学校体育教学管理部门就是要对全校的考试做统筹安排，并为期末考试做好后勤保障工作。

2）分析和总结本学期的教学质量。一般而言，体育教学质量的评价标准主要是学生是否已经掌握相关的体育运动的理论知识和运动技能，通过体育课程的学习是否能获得美好的情感体验，所以教学质量的分析也是以这三点为核心展开的；此外，教学效果的评价要注意评价的全面性，主要注重定量分析与定性分析的方法相结合，尤其是要提高形成性评价的比重。教学质量分析与总结是一个综合的、多维度的过程，没有固化的标准和形式，既不是仅仅通过考核的成绩来体现，也不是简单的概念的堆砌。通过分析和总结体育教学质量是为了相互取长补短，不断增进对自我的认识，从而不断提升体育教学的质量。

4. 教学档案管理工作

教学档案管理是指将教学过程中产生的各类教学文件中有价值的部分进行收集、整理和分类，以便在日后开展教学研究或教学需要相关资料时，可以迅速检索到所需文件。其中，教学档案主要是指记录和反映体育教学实践、教学研究和教学管理的活动和成果，并按照一定的次序和规则保存起来的教学文件，教学档案的显著特点是具有保存价值。

教学文件常见的形式主要有文字材料、照片、视频、图表等，教学档案的管理工作主要包括以下六项内容：

（1）收集。收集是教学档案管理的第一个环节，也是后续工作的基础。收集工作最重要的一点就是确认送档的教学文件和资料是否具有保存价值，这也是教学档案管理工作的意义所在。

（2）整理。整理是指对教学档案进行系统化、规范化的整理，使之变得整齐有序，方便查阅。整理教学档案的方法有电子化处理、分类、编目、编号等。

（3）保管。保管是指对教学档案妥善保存，采取合适的保存方法，最大程度延长存储时长，尤其是纸质档案要注意防虫和保持干燥。由于档案通常要保存多年，有的甚至要保管几十年，保管的重点在于要确保体育教学档案的完整性和安全性。在高度信息化的环境下，要推进学校档案管理方式的改革，促进档案管理工作的数字化发展，这样可以使得体育教学档案的保管更高效、安全、持久。

（4）鉴定。鉴定是指对收集到的档案重新进行评估，完成档案资料的去旧迎新的工作。体育教学工作是不断向前发展和变化的，随着社会的发展和时间的推移，许多文件和资料的保存价值会逐渐降低甚至失去其原有的价值，所以就需要定期对陈旧、老化的档案资料的价值做鉴定，将失去保存价值的档案剔除出去，为新的、有价值的文件和档案腾出更多的空间。

（5）利用。利用是档案保存的最终目的也是唯一目的。档案的使用，实际就是指教师在今后的体育教学环节中的设计、实施、思考的过程中提供一些参考和经验的借鉴。

（6）统计。统计是以数据的形式来体现档案的数量、种类、归档的位置等相关的重要信息。统计的优点在于可以帮助管理人员对档案的保管工作进行实时监控，提高档案管理工作的有序性和有效性。

（六）学校体育管理的方法

学校体育管理方法是指为达到学校体育管理目标而采用的管理手段或途径。学校体育管理的方法很多，其主要方法有行政管理法、目标管理法、调控管理法、经济管理法、法律方法和检查评估法等。

（1）行政管理法。行政管理法是学校体育管理工作中最普遍、最常用的方法。学校体育行政管理是指学校体育管理者依据学校体育行政组织的权威，运用有关命令、指示、规定、条例及行政手段，按照行政系统和层次进行管理的一种方法。学校体育行政的管理通过两方面来达到管理目的：一方面颁发有关学校体育的法规、条例、规定、计划、通知及有关规章制度，这些法规性文件本身对学校体育工作的开展起到根本性的制约作用；另一方面通过分级（上级对下级）的指导、检查督促和评估有关文件的落实情况。

学校体育行政管理法的实质是通过学校体育行政组织中的职务和职位来进行管理的，它突出强调的是职责、职位，而不是个人的能力和特权。它具有权威性、强制性、无偿性、垂直性、稳定性、时效性、具体性和保密性。

（2）目标管理法。学校体育目标管理法也是一种应用较多的方法，它是指依据有关的学校体育规划及计划，制订出一定目标并通过实施达到目标的方法。在体育教学、课余体育训练、学生课余体育锻炼等方面都经常运用目标管理，如完成体育教学大纲，使学生掌握知识、技能；制订出训练目标，争取在某一运动会上取得好成绩；学生掌握生理负荷的计算方法，便能根据生理负荷去完成自己的目标；学校根据学生上学年的体质状况，通过各种措施完成本学年应达到的目标。运用目标管理法时应注意掌握实际情况，目标不宜太高或太低。

（3）调控管理法。学校体育调控管理法是指在完成学校体育计划中，通过不断发现问题，从而及时调整计划的一种方法。学校体育行政管理部门或人员要经常进行调查研究，并及时掌握情况，及时从中发现问题，及时采取有效措施，始终保持主动权，以保证各级各类计划的顺利实施。

（4）经济管理法。学校体育管理的经济方法是按照客观规律，通过使用各种经济手段，调节学校体育组织中（或各有关人员间）不同的经济利益关系，使学校体育组织达到较高的经济效益和社会效益。

（5）法律方法。学校体育管理的法律方法是指通过各种法律、法令、条例、纪律、规章、司法仲裁等手段，组织实施学校体育有效管理的一种方法。

（6）检查评估法。检查评估法是指通过不断地对完成学校体育目标的程度进行监督、控制的方法。通过检查评估，可以达到激励先进、推动后进的目的。

（七）学校体育工作评估

学校体育工作评估是学校体育规范化、制度化、一体化管理的重要内容之一。它是指对实现各级各类学校体育工作目标的过程和现状进行监督、评比、调控的有效管理手段和措施。

（1）学校体育工作评估的意义。学校体育工作评估，是全面贯彻国家教育方针，实现学校体育目标的建设性措施，是加强学校体育规范化、制度化、一体化管理，实现整体优化的重要环节，是学校体育工作决策化和科学化的必要前提。同时，也是深化学校体育改革，提高学校体育工作质量，加快学校体育现代化进程的有效手段。它对整个学校体育工作系统实现各级各类目标有着明显的导向作用；能比较全面地掌握评价对象的真实情况和实际水平，并在一定程度上对其状况产生相应的调控和激励作用；能依据不断总结、检查、评估、鉴定、分析工作中的成败原因，并借以推动学校体育工作的开展。

（2）学校体育工作评估的依据。学校体育工作要依据我国教育、体育发展的总目标，学校体育工作的职能，各级各类学校的现状与发展情况，国家或各级学校体育行政管理部门各时期的学校体育工作规划，学生各阶段生理、心理、社会等方面的特点进行全面综合评估。

（3）学校体育工作评估的方法。学校体育工作检查评估方法一般有效果评估、效能评估、效益评估三种。

1）效果评估，是指用已被公认的指标或成绩的优劣来进行学校体育工作评估的方法。它是一种原始而又直接的评估方法。它简单、快捷，指标较为客观，其过程富有强烈的竞争性、激烈性和戏剧性，但由于只注重结果，不能全面地衡量学校体育工作的整体情况。因此，在进行全面评估学校体育工作中，效果评估只作为一种辅助手段或其中一个方面的评价内容。

2）效能评估，是指对学校体育工作的职能或过程进行全面评价的一种评估方法，它通常由评估说明及评估表组成。效能评估一般分为两类：①主观评价或经验评价；②客观评价或量化评价。量化评价比主观评价有较高的科学性和客观性，是目前学校体育工作评估的常用方法之一。虽然效能评估的结果客观性强、准确性较高、效果较好，但由于其周期较长、耗资较多，难以进行大面积的全面评估，因此，实践中有时也采用主观评价的方法，它带有一定的主观性，容易出现弄虚作假的现象。

3）效益评估，是指把各种效果和条件指标全部量化之后，采用报表，根据效益公式进行统计计算的一种方法。其评估数字准确、误差较小、可比性较强，能较科学、客观地反映学校体育工作。

（4）实施评估方法需注意的问题。检查评估工作是一项比较复杂、涉及面较广、影响较大的工作。因此，为确保评估工作的准确性、客观性和公正性，在评估之前应充分做好宣传、培训和准备工作。

第二节　乡村学校体育发展的重要意义

一、乡村学校体育可为农民提供体育服务

随着经济社会的发展，农民收入的增长和经济、生活条件的改善，农民的体育意

识和愿望越来越强烈，对体育的需求也会越来越强烈。构建针对农民的、多元化的、完善的体育服务体系对于乡村体育的开展显得越来越重要。

我国是个乡村人口占大多数的国家。乡村的中小学拥有大量的体育场地设施、器材、体育教师、体育信息途径、体质监测器材等。乡村学校所拥有的体育场地对于乡村体育的开展具有远比城市更加重要的意义。乡村学校除了能开展学生的体育活动，增强学生的体质，促进学生的身心发展外，还可为附近村民提供场地设施器材、体育指导、牵头组织策划、裁判、体育信息、体质监测等多种体育服务。

二、乡村学校体育可提高乡村学校的办学效益

乡村学校的体育资源除了满足学生的体育需求外，如果还向乡村其他人群开放，允许其他人群使用的话，就会在投资没增加或增加很少的情况下，大大提高这些资源的利用率，这就等于直接提高了乡村学校的办学效益。

学校体育资源允许校外村民使用的话，无疑还能密切乡村学校校内外的关系，促进村民对学校教育活动的了解，有利于村民对学校教育的理解、配合与支持，反过来，有利于学校教育的发展，这也算是提高了学校的办学效益。

另外，学校体育资源允许校外村民使用还能起到丰富乡村文化生活，促进乡村精神文明建设，提高村民素质，促进乡村社会和谐等作用。

三、乡村学校体育可促进乡村学校多方面发展

乡村学校向附近村民提供体育服务，无疑会加强乡村学校与附近村居民的联系，促进附近居民、学生家长等对学校的了解，尤其是对学校所处困境的了解，从而增进他们对学校的理解、配合与支持力度。

另外，乡村学校的体育资源供附近居民利用可换来乡村学校对校外体育资源的利用，甚至可换来对其他资源的利用，这样不仅能拓展乡村学校体育的空间，还可为乡村学校其他方面带来好处，从而促进乡村学校多方面发展。

四、乡村学校体育可促进乡村人民的全面发展

以人为本必须以实现人的全面发展为目标，人的多层次需要，人的整体素质的提

高，人的自由全面发展，是社会发展的根本取向和最高价值。共产主义以实现人的全面自由发展为最高目标，从根本上讲，就是为了实现人的全面自由发展而奋斗。要保持社会主义的强大生命力，要体现社会主义的优越性，社会主义的不同发展阶段都要追求人的全面发展，这是社会主义的根本目的。

在整个社会主义现代化建设的过程中，全面贯彻落实科学发展观，都必须把人的全面发展作为社会主义建设的最终目的，解放人，开发人，实现人的全面发展。建设社会主义，推进经济社会发展，既要着眼于人民现实的物质文化生活需要，又要着眼于促进人民素质的提高，努力促进人的全面发展。坚持以人为本，不仅要做到为了人的现实利益，满足人的现实需要，发挥人的现有能力，还要在推动社会主义物质文明、政治文明、精神文明建设与和谐社会建设全面发展的基础上，进一步增强人的体魄、提高人的素质、增加人的才能、健全人的人格、升华人的精神、不断促进人的全面发展。

乡村学校体育不仅能很好地发挥增强乡村人民体魄、提高乡村人民身体素质的功能，还能发挥提高人的道德素质、健全人的人格、升华人的精神，提高人的才能等促进人全面发展的作用，为培养有文化、懂技术、会经营的新型农民服务，为造就建设现代农业的人才队伍服务，为推进新乡村建设提供强大的人才智力支持。不仅如此，乡村学校的很多学生将来会到城市中去，成为社会各方面的建设者。

五、乡村学校体育可促进经济发展

人的素质是经济发展的重要基础，拥有健康的身体素质是人参与经济建设、发挥作用的前提条件。身体不好，就会在做很多事情时产生障碍。有的工作对身体素质与健康水平要求较高，比如飞行员、宇航员等，没有健康的身体，这类工作就无法完成。某些工作则直接和身体素质成正相关的关系，体力好、身体好，就能完成更多的工作，身体的好坏直接决定了生产的能力。

乡村学校体育不仅可通过提高乡村人的身体素质、健康素质来提高人的生产能力，进而起到促进经济发展的作用；还可以通过提高人的智力才能、提高人的意志品质、提高人的合作精神等间接性地起到促进经济发展的作用。

六、乡村学校体育可提高生活质量

教育对于文化具有重要作用，这种作用不仅表现在知识或艺术形态的文化上，而且还表现在其他方面。比如在改变人们的生活方式方面，要使人们的生活方式达到科学、健康、文明的水平，没有教育作为基础是难以实现的。

利用乡村学校的条件开展体育活动可成为乡村文化活动一个重要部分，发挥其丰富乡村文化生活，改变人们的生活方式，提高生活质量的重要作用。体育活动与其他活动相比，有其自身的优势。很多活动形式不仅具有很好的健身功能，而且还具有很强的娱乐功能、文化功能和教育功能。经常开展这类体育活动，能促使农民形成健康向上的观念和科学的生活方式，并起到愉悦身心、调节情绪、丰富文化生活、提高生活质量等良好作用。

七、乡村学校体育可促进社会稳定

由于我国广大乡村与城市相比，收入差距较大、文化娱乐设施严重缺乏，教育受到忽视等诸多原因，乡村居民在享受现代文明成果、生活质量上与城市存在较大的差距，不同地区的乡村居民之间的收入差距、生活质量也比较大。

健康、丰富的文化娱乐活动能使人感到生活是有意义的，能增加生活的幸福感，能促进农民的心理平衡，有利于提高农民对生活质量的认同感。平衡、稳定的心理状态有利于社会治安的稳定。

八、乡村学校体育可促进社会和谐

社会主义和谐社会的内容可以概括为三个主要方面：人与人的和谐、人与社会的和谐、人与自然的和谐。另外，人自身的和谐也应是和谐社会的重要内容和基础。充分利用乡村学校的体育资源，促使更多的农民参加、参与体育活动，可以促进人自身的和谐、人与人的和谐、人与社会的和谐、人与自然的和谐。原因主要在于：通过体育活动，可以提高乡村人的健康意识，提高身体健康水平，体育活动中的竞争与合作、成功与失败、欢乐与痛苦等体验，可以提高人们的心理承受力，磨炼人们的意志品质，健全人格，促进乡村人自身素质之间的和谐，即身心之间的和谐，身体素质、科学文化素质、道德素质之间的和谐等。

通过体育活动，人们懂得了根据环境如季节、气候、气温、空气质量、地理条件等调整自己的锻炼方式，这样就可以提高乡村人对环境重要性的认识，更加重视环保，进而推动绿色发展，促进人与自然和谐共生；体育活动中的竞争与合作等能促进人们对人际关系的认识，提高处理人际关系的能力，进而促进人际关系的和谐，促进人与社会的和谐。

第三节　乡村学校体育发展的基本模式

乡村学校可以在构建新乡村体育服务体系的过程中发挥重要作用。乡村学校不仅可以开展学生的体育活动、促进学生的身心发展，而且还可以充分利用自身资源，为附近村民提供体育服务以缓解乡村体育资源较为缺乏的局面，实现办学效益的最大化。另外，还可以充分利用校外资源促进乡村学校体育自身的发展。我国乡村学校结合自身实际，在构建新乡村体育服务体系的过程中，形成了各种各样的发展模式。

一、乡村学校体育与社区体育的融合发展模式

实施乡村振兴战略，是党的十九大作出的重大决策部署，是决胜全面建成小康社会、全面建设社会主义现代化国家的重大历史任务，是新时代"三农"工作的总抓手。到 2035 年，乡村振兴取得决定性进展，农业农村现代化基本实现。

在探索全民健身体制和运行机制中，应使乡村学校体育和周边社区体育尽情地发光发热，促进二者融合发展，不失为一条行之有效的办法和快速便捷的途径。另外，也应从我国乡村社区的发展以及人们对健康健身的需求现状中出现的体育健康服务的困境出发，并结合我国现行的政策和战略，提出现有乡村社区的体育健康精准服务模式可能存在不适应性的假设。

（一）乡村学校体育与社区体育的界定

（1）乡村学校体育概念的界定。乡村学校体育是指在乡村地域范围内，根据国家战略目标要求和乡村地区发展的需要，运用身体运动、卫生保健的手段，对受教育者施加影响，促进其身心健康发展的有目的、有计划、有组织的教育活动。

（2）社区体育概念的界定。乡村社区体育是指在乡村社区中由农民参与，运用简易体育设施和器材，或者依托自然环境，通过符合乡村地域环境特点的传统项目、乡土项目或者形式灵活的现代项目实现强身健体、休闲娱乐、社会教育、社会交往的群众体育活动。

（3）融合的概念界定。融合，物理解释为熔成或如熔化那样融成一体，繁殖过程中的相互结合；心理解释为个体或群体由于自身生存环境或发展需求的不同，形成具有自身特点的心理活动。"随着我国社会经济的不断发展，人们的生活水平也有了一定的提升，健身成为人们生活中最常见的活动之一。体育公益活动的开展，不仅激发了人们参与体育项目的积极性和兴趣，也让更多的学生在学习的同时注重自身的身心健康问题。若是能够将社区体育和学校体育相结合，既能让学生踊跃参与体育活动，又符合当前教育改革的模式。"①

（二）学校体育与社区体育关系的辨析

学校体育与社区体育的关系包括学校体育是终身体育的基础，社区体育是终身体育的重要环节；社区体育是学校体育的补充。社区体育尚有很大的开展余地，同时学校体育改革也存在很多问题。社区体育在体育认知、体育方法、体育场所、体育人口测试等方面需要来自学校体育的助力。学校体育需要在社区体育的镜面中对自身功能、技术学练、场所利用、赛事管理等方面有所反思；学校体育与社区体育的有机结合，在培养全面发展人才方面，特别是在培养具备良好身心素质方面有着独到的功能，并为新世纪学校体育和社区体育各自的发展提供新的思路，即学校体育与社区体育联系与协调主要表现在三个方面：①学校与社区结合形成学校社区一体化；②学校向社区成员开放；③利用社区各方面力量介入学校体育。

---

① 张娟，周晓. 社区体育教育与学校体育教育融合研究［J］. 拳击与格斗，2022（3）：32－34.

(三) 乡村学校体育与社区体育的融合发展

(1) 社区体育中心与乡村学校体育场馆相结合，达到场馆资源的共享利用。学校体育和社区体育的相互开放和资源共享可以促进社区体育与学校体育齐头并进。一方面，学校体育场馆设施在闲暇时间向社区开放，可以有效解决社区因为场地设施不足而导致社区体育活动无法正常开展的矛盾，进而促进社区体育文化的建设和发展；另一方面，学校体育和社区体育的相互开放和资源共享也是学校体育自身发展的需要。社区向学校开放资源，在弥补学校体育设施短缺的前提下，又加强了学校体育与社区体育的联系，提高了学校体育场馆的管理水平。

(2) 社会体育指导员和乡村学校体育教师相结合，达到人力资源共享。学校本来就具备一定数量的专业素质强硬的体育教师，他们集理论知识与实践技能于一身。他们的到来，将会成为当前社会体育指导工作的中流砥柱，在更大程度上满足人们对体育休闲娱乐的各种需求。同时体育教师参与社区体育建设，可以提高体育课的基础地位，带动学生在体育课上学好知识与技术，练好技能，提高才干，有利于培养体育精英，进一步提高体育课的质量，还可以激发学生参加体育运动的主观能动性，把体育运动带入家庭，促进终身体育观念的形成。

二、乡村学校体育与大众体育的协同发展模式

长期以来我国乡村（农村）地区的经济、文化、社会的发展落后于城市，从而导致乡村地区的全民健身运动的发展落后于城市，无论是乡村地区的体育人口比例还是体育公共服务水平，都制约着乡村（农村）地区的全民健身运动的进一步发展。乡村学校体育与乡村全民健身运动的互动发展情况不容乐观。鉴于此，有必要实现两者协同发展，从而实现城乡教育资源的均衡化、城乡体育公共服务水平的均等化，推动城乡体育事业的均衡发展。具体思路如下：

(1) 认清学校体育在乡村区域体育事业发展中的重要地位。学校体育是整个体育事业发展的基石，其对乡村全民健身运动的重要意义还表现在对儿童青少年终身体育参与的价值观教育，教育学生养成积极健康的生活方式，从而保障乡村区域体育人口数量的稳步增长。与此同时，重视学校体育与大众体育的协同发展，还可以有效化解留守儿童带来的社会问题。

（2）消解体制障碍。长期以来我国学校体育和群众体育分别属于教育行政部门和体育行政部门管理，管理权限互相隔离。从目前我国体育事业的发展现状来看，这种管理模式已经严重妨碍了体育事业的发展，无法满足学校体育和大众体育发展的实际需求。为适应乡村区域全民健身运动的实际情况，从而推动乡村学校体育和大众体育的协同发展，有必要有效化解体制障碍。在提高乡村体育公共服务的过程中，引入现代化的治理模式。以政府为"元主体"，打破原有的管理模式，合理有效地利用乡村学校的体育资源，建立补偿机制，对开放体育场地设施的学校进行合理补偿。有效利用社会资本，政府可以引导社会资本进入学校，改善学校体育场地、设施、器材的状况，并利用这些资源服务于乡村区域的全民健身运动。构建以政府为主体的网络型体育治理体系，从而推动学校体育与大众体育协同发展，提高乡村区域的体育公共服务水平。

（3）合理利用体育教师资源。制约乡村区域全民健身运动发展的因素还包括公益性社会体育指导员的缺乏，同时社会体育组织发展缓慢，无法满足乡村居民体育参与的实际需求，这一现状在较短时期内很难得到明显改善。因此有必要合理利用乡村学校体育教师这一人才资源，从而缓解乡村居民体育参与缺乏组织和指导的局面。因此，应为乡村学校配齐体育教师，减轻体育教师的工作负担。同时政府可以考虑利用体育教师的业余时间（特别是周末和假期时间）为乡村居民的体育参与提供服务，并支付一定的报酬，实行政府购买公共服务政策。

三、城乡学校体育均衡发展的互动模式

国务院于 2016 年 7 月在《关于统筹推进县域内城乡义务教育一体化改革发展的若干意见》中提出了"合理规划城乡义务教育学校布局建设，完善城乡义务教育经费保障机制，统筹城乡教育资源配置，向乡村和城乡接合部倾斜，大力提高乡村教育质量"的指导思想。城乡教育平等问题一直以来都被广泛关注，体育教育是我国学校教育的重要组成部分，在城乡均衡发展方面也存在着很严重的问题，如何解决城乡体育教育领域的公平问题，在互联网媒体信息高度发展的当下，已经影响到社会和谐发展，迫在眉睫。

体育教育作为我国学校教育的重要组成部分，近年来虽然被重视的程度得到很大提升，学校体育资源影响着学校体育教育的有效供给，进而影响到青少年体质健康的保障水平，地区、城乡之间的体育资源配置失衡需要由政府与慈善合力来化解，学校

内部体育资源失衡需要自我完善与变革来化解。

乡村学校体育的生态困境表现为制度文本生态困境、乡土变迁生态困境和办学条件生态困境，提出立根乡土文化，以节庆体育为抓手，完善乡村学校体育生态系统配置，统筹城乡学校体育发展，优化投资结构。随着国家城镇化建设力度的加强，我国城乡学校体育发展的差距也日益增大，由此，如何缩小城乡学校体育发展的差距，采用何种发展模式来解决问题，显得尤为重要。

（一）城乡学校体育互动发展的路径选择

2007 年 4 月，为了吸引广大青少年学生走向操场、走进大自然、走到阳光下，积极参加体育锻炼，教育部、国家体育总局、共青团中央决定在全国范围内启动阳光体育运动。15 年过去了，中小学学生的身体素质得到了很大的提高，但区域差异因素，城乡之间的学校体育发展存在很大的差距，需要相关部门不断监督、不断调整，选择合适的发展路径，促使城乡之间互补、互动、交流与合作，从而使得城乡之间得以均衡发展。政府及相关教育管理机构要适时、有效的统筹、协调管理，城乡学校之间要经常互动，取长补短，共同提高，特别是乡村学校，要善于利用本地特色的民俗传统体育项目，采用各种路径，多元融合，互动发展。

1. 政府穿针引线

政府穿针引线——推进城乡学校体育的合作与交流。目前我国乡村发展相对滞后，城乡一体化发展的主要课题集中在破除各领域的城乡壁垒有缩小差距，很多工作需要在政府的主导下进行。对体育配套设施较差的学校，政府要通过加强管理、加大投入等措施提高其体育基础设施条件。提高乡村中小学体育教师的工资待遇，必要时应当设立贫困地区特殊津贴。职称评定的时候也应该将体育教师与主科老师同等对待。还有，在同等条件下，城镇学校与乡村学校在引进体育优秀毕业生方面存在巨大差异，需要充分考虑乡村体育教师的个人利益，才能真正调动他们的积极性，引进人才、留住人才。

总之，政府应当分析城乡学校体育发展的差距及成因，选择好正确合理的模式和路径，做好统筹和协调工作，尽最大努力改善乡村学校体育条件，让在乡村工作的体育教师可以与城镇体育教师享受基本相同或者略高的待遇和条件以及发展机会，逐步缩小城乡学校体育方面的差距。

2. 城乡学校互动

城乡学校互动——实现城市学校体育和乡村学校体育的有机结合。加强学校体育城乡之间的互动，必须要加强对互动学校的体育特色的研究，让广大师生都走出教室，奔向操场运动起来，必须要建立城乡学校体育资源配置、交换与共享机制。因此，需要从以下方面进行思考：

首先，建立一个城乡学校体育部门互动的工作网络。依托地方教育主管部门、体育社会组织，结合各学校的传统体育项目，发挥联结和带动作用，开展形式多样的体育活动。

其次，培养城乡学校体育互动的体育带头人，学校主管领导支持体育带头人用流动性和常住性相结合的方法，相互交流、互相学习，多进行体育教研活动，这样既可以提高体育教师的专业素养，也可以增进友谊，还可以使得乡村学校和城镇学校体育特色相互融合，共同提高。

最后，广泛开展体育竞赛，结合乡村当地风俗与传统节日，拓展体育内容，大力发展与文化相关的体育活动比赛，让广大城乡师生在体育比赛中交流思想，感受运动的快乐。在目前乡村学校体育资源相对不足的形式下，应当鼓励乡村学校根据自身实际情况，立足乡村，开发本校体育资源，发现亮点，注重与城市学校体育资源的互补配置，以期在城乡学校体育互动时实现资源交换和共享。

3. 推动多元融合

推动多元融合——多渠道全方位建立城乡学校体育保障机制。

第一，建立起与乡村特色相符的健身保障机制，乡村学校风景秀美、景色宜人，很多学校体育具有乡村特色，更具有季节性特征，争取实现乡村学校体育的"一校一品牌"和城市学校的常规性体育项目相结合，打造城乡互动的纽带。

第二，在学校体育的投入和运作过程中，城市和乡村互动需要一个长期的保障机制，不管城市还是乡村，学校体育基础设施相对薄弱，特别是乡村学校，非常匮乏，需要投入大量的资金，资金来源可以采用多种渠道获得，比如政府、企事业单位，也可以私人或协会参与投入，实行自我管理，谁投资谁受益。

第三，建立合适的体育文化机制，对城乡学校体育进行融合，充分体现乡村的传统体育和城市的现代体育特色。

第四，地方教育部分牵头，建立起城乡学校体育互动的协调机制，城乡学校体育运动项目的涉及面很广，要想实现乡村学生和城市学生广泛参与，需要相关部门的大力协调和指导。

第五，建立城乡学生心理疏导机制，城乡学校体育融合的过程中，学生的家庭经济条件、见识广度都不同，极有可能出现极端现象，有必要进行合理的疏导，相互之间取长补短。

（二）城乡学校体育互动发展的可行模式

推动城乡学校体育互动发展的难点在于破除城乡二元化结构壁垒，才会使得城乡学校体育资源可以相互交流，让城市学校带动乡村学校的发展，作为乡村学校，也要注重周边学校之间的横向交流，互相学习，做到"城乡联动，区域协作"，同时要充分利用"互联网＋"的改革春风，加大乡村学校体育教师网络技术应用培训，大力推广网络化教学模式，利用网络教学新模式，推进城乡学校互动发展新局面。

1. 学校体育城市带动乡村的发展模式

城市、县城和乡村学校的体育课学时安排明面上基本无碍，但具体实际操作过程中，乡村、乡镇学校比城市学校体育课学时被占用的现象严重。在体育教育资源分布上，城市学校明显优于乡村、乡镇学校，城乡二元化的经济发展模式渗透影响到了学校体育领域，致使乡镇、乡村学校体育明显落后于城市学校。"体育城乡二元化结构体制"是一种实际操作中以城市为中心的体制原则，例如很多区县教育部门对体育教师采取"末位淘汰"制，被淘汰的教师调到乡村学校，当城镇学校缺少体育教师的时候，又会从乡村学校选拔优秀教师，导致城乡差距越来越大。

城乡学校体育的互动发展需要政策的支持，突破二元结构体制，打破城乡分割的管理体制，使得义务教育资源可以在城乡之间自由流动。在城乡互动交流的过程中，加大有关体育政策的宣传和督导力度，切实保障乡村学校体育教育的权益，加大对乡村学校体育的投资、扶持力度，确保乡村学校体育硬件资源配置达标。推动城乡学校体育师资流动机制，如教师定期流动、轮流交换上课、支教、对口交流等方式方法，加大乡村学校体育教师的培训力度，努力改变乡镇学校体育的落后面貌。

2. "体育交换点"的合作发展模式

小城镇学校"体育交换点"模式主要强调的是小城镇的作用，以小城镇作为中间环节来实现城市和乡村学校体育的互动发展。城市学校相比之下体育设施齐全、师资力量雄厚，而乡村学校则相反，存在资金投入不足问题，体育人才缺乏，体育意识也远不如城镇学校，二者差距非常大，如此一来，城乡之间存在很大的真空区，彼此沟通交流困难。体育相关部门应按照区域划分教学协作区域，进行"城乡联动，区域协作"，也可以建立社区（乡村）、学校体育资源共享协调体系，充分利用"亿万农民健身工程"的体育基础设施，努力缩小城乡学校体育发展的差距。还可以选定部分小城镇的学校为"体育交换点"，将具有示范性的、有特色的学校体育形式因地制宜地建立成体育示范点，让他们成为城市和农村的桥梁和纽带，辐射周边学校，把先进的城市学校和落后的乡村学校体育衔接起来，按照"就近组合、强弱搭配、优势互补、相互带动"的宗旨，重点倾向基础设施薄弱的乡村学校的体育发展，达成"区域一体，全程携手共进"的目标，扩大城乡学校体育之间的交流深度与广度，推进体育的均衡发展。

3. 城乡学校体育网络化的发展模式

随着人们生活水平的提高，互联网技术的飞速发展，电视和网络进入了乡村基层，互联网的普及为资源共享提供了通信渠道，拥有丰富的学校体育锻炼和管理经验以及各种体育资源信息。各种体育赛事潜移默化地影响着广大农村，体育意识也随之逐渐转换。网络化的模式使得城乡学校体育的互动突破了时间和空间的限制，为双方的沟通交流提供了极其便利的信息通道。通过网络这个信息平台，将城市学校体育所具备的丰富的资源和专业的指导和乡镇学校独具特色的运动形式进行整合，相互补充，彼此互动，城乡学校体育教学团队可以为网络互动提供专业支持，解决教学与辅导过程中出现的问题，可以让这些优秀的教师和管理人员最大限度地发挥特长，全面促进城乡学校体育的发展。

近年来，各级政府为了改善学校的信息化教学条件，对学校的多媒体设备进行了配置、升级，乡村学校的体育教育观念已经有了长足的进步，也都意识到了体育锻炼的重要性，虽然没有城镇学校那样普遍性报名参加课外体育辅导班，但体育课积极参加锻炼的意识性很强，不过由于乡村学校的基础设施原本就不完善，相关人才更是缺乏，即使进行了网络覆盖，使硬件条件达到信息化发展的要求，但师资、技术等软件配套远远跟不上，导致"有投入，无产出"，网络化教学效果提升不明显。

乡村学校在体育教育方面跟城市学校相比，师资、基础体育设施、相关配套政策以及学校、家庭的关注度，都处于劣势，属于弱势群体。迫切需要大力发展乡村学校体育，拉近与城市学校体育发展的差距，使城乡学校的体育教育得到均衡发展，必须要借助教育部门、政府以及社会各方面的合力，从以下方面进行努力：

首先，由政府、教育部门牵头，成立专门的协调机构，建立制度并督促落实，加大体育与健康的宣传力度，加大乡村学校体育设施投入，统筹规划，优化配置，努力提高体育设施的利用率，缩小城乡学校的体育差距。

其次，建立"互助结对"的合作发展模式，强弱搭配和优势互补，通过有效利用自身和兄弟学校的传统强项，达到共同发展的教学目的；多开展体育教研活动，实行"城乡联动、区域合作"，真正做到运动形式多样化，做到城乡互动发展的"农村包围城市，城市提升农村"。

最后，建立网络互动交流平台，培养体育交流信息员，为城乡学校体育教育的均衡发展提供平台支撑，以网络为沟通渠道，有效开展城乡学校的体育活动。

第二章

乡村学校体育与村落社区体育发展

第一节　村落社区及其体育发展

长期以来，我国乡村体育的发展以乡镇为重点，主要目的是实现其作为拉动乡村体育发展的支点和使城市体育向乡村渗透的接点，促使城乡体育均衡发展。不可否认的是，自改革开放以来，我国广大乡镇特别是在经济发达地区的小城镇，体育场地设施、体育竞赛活动组织、人们的体育意识等方面，相较过去有了较大的提高，小城镇体育的蓬勃兴起也对乡村体育起到一定的辐射和带动作用。但是由于我国乡村地域辽阔，经济发展、文化教育的不均衡，生产方式、生活方式的不同，乡村农民的流动性较小，使得乡镇与村落之间在生活、生产、休闲、学习等方面存在着较大的差异。小城镇体育的发展对村落体育发展的辐射作用有限。

在我国现阶段，乡村作为一个整体概念，它的主体组成部分仍然是散落的无数个村落。村落是乡村社会的基本单元，是人类社会生活和生产最主要的自然聚落之一，也是人类社会形成最早的社区形式。

自然村落是乡村社会的基本单元，村落居民以地缘、亲缘、血缘为纽带连接在一起，有着共同的生产生活环境和方式，认同感和归属感较强。立足自然村落开展社区建设，便于组织群众参与，容易达成共识和合力，也易于形成集体意志和集体约束力。

一、村落社区建设为村落体育发展提供有利条件

村落社区建设是指在村党支部和村委会的领导下，以村落中的老党员、老干部、老农民、老教师、老复员军人和无职党员为主体，以热心村落社区建设的志愿者组成的社区志愿者协会为依托，通过志愿者协会下设的社会互助救助站、卫生环境监督站、民间纠纷调解站、文体活动联络站和公益事业服务站开展各类活动，改善乡村环境，繁荣乡村文化，树立乡村新风，实现村民自我管理、自我教育、自我服务、自我监督，促进乡村社会稳定和各项事业的协调、健康发展。

（一）为村落体育的发展创造文化环境

村落社区建设以繁荣乡村文化为目标，传播现代文化、弘扬传统文化。村落体育是村落文化的一个重要组成部分，村落文化的创建必然会带动体育的大力开展。在文化创建的过程中，形成的村落文化活动站、组成的村落文化活动团体，为村落体育的开展创造了良好的文化环境。

（二）为村落体育的发展提供人力资源

村落体育几乎没有明确的组织管理，也较少进行有意识的控制。一些具有民俗技艺的村民，由于组织得不到位，很少能利用技艺服务于整个村落的文化体育发展。村落社区建设，整合村落的人力资源，充分发挥各级各类人才的作用，共同建设村落社区。

（三）为村落体育的发展提供场地资源

由于乡村经济条件的限制，一直以来场地资源是制约村落体育发展的主要因素。村落社区建设中一些乡村祠堂、庙宇和废旧的礼堂被改成农民的书堂或村民俱乐部，成为乡村文化宣传阵地。直接利用这些地方开展文化活动，既节省成本，又能增强传播效果，丰富了乡村文化阵地的建设形式。将满足乡村村落文体科教、便捷服务等需求作为新乡村建设的一项内容，积极构建乡村"一刻钟生活圈"，即村落居民只需步行一刻钟，便可到村落健身中心、村落科技书屋、村落连锁超市或村落卫生所等地享受

便捷服务。除此之外,一些村落还建成了篮球场、文化广场等文化活动中心,为村落体育的开展提供了良好的场地资源。

(四) 为村落体育的发展提供生存空间

村落体育根植民间,以民间传统体育为主要活动内容,而大多数民间传统体育"长于斯、成于斯",在城市民俗、民间体育被不断边缘化的情况下,村落成为民俗、民间体育存在、继承和发展的重要生存空间。舞龙灯、舞狮、赛龙舟、腰鼓等民俗、民间体育活动项目,是村民喜闻乐见的活动,在村落中有着广泛的群众基础,是村里社区建设文体活动中重要的组成部分。村落社区建设为民俗、民间体育的发展提供了长足的生存空间。

二、村落社区体育的文化特征

(一) 趋同性与差异性

"村落体育是农村体育的重要组成部分。"[①] 村落里的村民以血缘、亲缘、地缘等为纽带连接在一起,村民的经济活动、社会活动均相对集中,人们往往在同样的时间、同样的地域范围,以同样的方式从事同样内容的经济活动和社会活动。村落社区居民的生活方式,包括劳动生活方式、消费生活方式、文化娱乐方式、人际交往方式等,都呈现趋同性。这些使得村民在体育意识、体育参与、体育活动内容等方面具有趋同性。

然而由于村落村民在年龄、文化教育程度、经济收入等方面的差异,个体参与体育活动存在着差异性。老人参与体育活动,或是为了健身,或是为了消遣,孩子参加体育活动,以玩乐目的为主,而青年人参与体育活动,除强身健体外,社会交往、休闲的成分居多。因此,不同的人群参与体育的目的不同,选择的体育活动内容、场地和器材亦不相同。

---

① 廉涛. 我国村落体育研究进展 [J]. 通化师范学院学报,2012,33 (2):53-54,71.

（二）集体性与被动性

传统文化强调集体性，淡化个人的主体意识。而乡村受两千多年儒家思想的影响，在个体行为上的主体意识较弱，但对集体活动的认可和参与性较高。因而在乡村中，一些集体性的体育活动受欢迎程度较高，如扭秧歌、舞龙舞狮、健身操等活动。因此，村落社区体育的开展应以集体性的体育活动为主。

村落社区体育的开展以自主自愿的原则进行，村民可自由选择、自愿参加。但由于村民对体育的认知还处以较低水平，参与体育活动的积极性较低。这可以从乡村体育人口的比例处于较低水平看出。因而，在强调村民自主参与的同时，村落社区的管理者要组织一定的集体体育活动，让村民"被动"地参与到体育活动中来，体会体育活动的乐趣，进而养成个人体育习惯。

（三）传统性与现代性

受传统文化的影响，村民对一些在乡村长期开展的民间、民俗体育运动项目更感兴趣。村民对传统节日高度重视，每逢节日期间，有的村落会开展一系列的民俗体育活动，如五月端午的龙舟竞渡，正月舞龙舞狮等活动，乡土气息浓厚，但多数村民只是这些活动的观赏者。村民日常生活中，更多的是以一些健身性、娱乐性强的活动为主，如扇子舞、扭秧歌、太极拳、健身操等。而村落中青少年更喜欢现代的体育活动项目，如篮球、足球、羽毛球、跆拳道等。传统的体育项目和现代体育项目在村落社区中共同发展，互为补充。

（四）季节性与随意性

村落居民以农业耕种为主业，受农事的限制较大。春耕、秋种是农民一年内最为忙碌的时节。夏季和冬季，是农闲时节，农民有大量的空闲时间，也是村落中儿童寒暑假的时间。除此之外，村民对传统节日高度重视，中国传统节日有春节、元宵节、中和节、端午节、七夕节、中秋节、重阳节、腊八节。

因此，村落社区体育的开展要根据村民的空闲时间，选择合适的项目，推动村落社区体育的发展。由于村民大多从事农业耕种，不像城市职工需要上班，可以自由选择进行体育活动的时间，具有较大的随意性。

（五）依赖性与灵活性

长期以来由于人们受传统观念的影响，对体育行政部门有很大的依赖性。但由于我国乡村经济、文化和教育相对落后，乡村体育的组织管理一直处于落后状态。我国乡村体育管理组织设置到县一级，许多乡镇、村落无专业的体育管理组织和管理人员，一般由村干部兼职管理。村落体育的发展大多依靠文化中心、文化站、青年之家和农民体育协会开展活动。乡村村落体育无专项经费；文体站的工作以开展乡村群众文化活动为主，体育活动开展得相对较少；乡村开展体育活动完全处于自发状态。长期以来乡村体育难以深入乡村，关键在于缺乏乡镇、村的基层组织，这使得乡村村落体育的发展较大地依赖于乡村文化事业的发展，或是村干部的重视程度。

在官方管理组织不到位的情况下，民间体育组织对村落体育的发展具有重要的意义。民间体育组织的成立与管理完全以村民自主、自治为主，如一些村落的民间龙狮团，在继承和发扬龙狮运动的同时，促进了村落体育的发展。但民间体育组织的成立和解散，成员的加入和退出较为自由。

现代体育运动项目的开展，对器材场地的依赖性较大。而村落由于经济条件的限制，除在学校中建设和设置场地设施外，村落中标准的、固定的、人工建造的体育场地设施较少。但相对于城市而言，村落社区地域辽阔、田间地头、庭院内外等天然的活动场所较多，并且一些民俗、民间体育活动项目对器材、场地的要求较低。

三、村落社区体育的发展对策

（1）从战略上提高村落社区体育发展的重要地位，是村落社区体育发展的重要保障。现阶段我国乡村体育不仅要关注小城镇居民，还应该关注村落里的农民。乡村体育工作的重心也应该下沉，关心农民体育、关怀农民健康、关注农民健身，切切实实发展村落体育，广泛开展村落体育活动，促进村落农民健康素质的提高。从战略上高度重视村落社区体育的发展地位，提倡村落社区作为乡村体育发展的主体和落脚点，将村落作为体育发展的基本单位，在村落社区建设的过程中高度重视体育的发展，积极为体育的开展创造良好的发展条件。

（2）利用大众媒体宣传健康养生的知识与方法，是村落体育发展的有效途径。村落社区体育的开展以村民为主体，村民对体育功能、价值等的认知很大程度上决定了村民参与社区体育的积极性。因此，对体育活动的介绍、宣传在乡村村落社区体育的发展过程尤为重要。现代大众媒体的普及为体育运动的宣传提供了良好的媒介，特别是在乡村广为普及的电视、广播。由于受经济收入、文化教育等限制，农民尚不能正确认识体育的娱乐、社交、健身等诸多功能，但追求健康是城乡居民的共同愿望。大众传媒应着重宣传体育促进健康、提高体质的功能，介绍一些实用性的运动技巧，让村民在运动中得到好处，在运动中体会乐趣，从而养成参加体育活动的习惯。

（3）强化民间体育组织、团体的发展，是村落社区体育组织发展的必要条件。从乡村村落社区体育发展的集体性和被动性特点来看，乡村村落社区体育发展过程中组织和管理具有重要的意义。村落社区应鼓励民间体育组织的发展，为民间体育组织的发展提供良好的环境。

（4）利用现有条件创造场地资源，是村落社区体育发展的必要前提。缺乏场地器材是阻碍乡村体育发展的一个重要因素。在目前乡村村落经济条件不发达的情况下，村落社区体育的发展应结合实际，利用现有的资源，创造条件。宗族祠堂、废弃校舍、仓库等乡村闲置的场所，改为村落社区文化活动场所，开办娱乐活动中心、农民夜校、阅览室、文化宣传长廊、文化戏台，组建了农民剧团、农民乐团、舞狮队、腰鼓队、秧歌队，通过组织开展各种健康有益的文体活动，凝聚人心，丰富村民的文化生活。

（5）创建特色体育村落的目标，是村落社区体育发展的动力资源。乡村村落社区体育的发展要根据村落的历史、地理、人文条件有针对性地选择合适的项目，不一定要以现代体育项目的开展为目标体系。一些龙狮之乡、龙舟之乡、武术之乡不断涌现，为乡村村落社区体育的开展提供思路：村落社区体育可以选择村落中具有代表性的民间、民俗体育活动作为其发展的主要内容，并形成自己的体育特色。

第二节　乡村学校体育与村落社区体育的关系

一、乡村学校体育是村落社区体育的基础

（一）传递体育知识与技能

村落社区体育的现状和进一步的发展都要求社区成员能够掌握现代化体育文化知识和科学锻炼身体的知识，教育的基本功能之一就是服务于社会，借助学校教育体系发展农村体育正是学校教育功能的回归。

按照我国教育方针和有关教育、体育法规，学生在校期间必须接受体育教育。学生在校期间通过学习运动技能、技巧，初步掌握基本的身体锻炼方法，掌握一些锻炼身体的基本知识，只有充分地掌握体育知识、技术和技能，才能合理运用它来锻炼身体，才能科学地选择符合身体需要的健身内容、形式和相应的健身方法，为促进社区体育的发展奠定良好的基础。

（二）为终身体育奠定基础

进入小学、中学的孩子正处在生理、心理发展发育的重要时期。通过规范、良好的体育教育能有效地促进学生身体形态、生理机能、心理素质的发展。这既有利于他们在校期间健康成长，使他们能够以饱满的精力投入学习中，也为以后的工作、生活乃至终生体育锻炼打下坚实的体质基础。

乡村学校体育是一种有目的、有计划、有组织地传授体育知识、技术、技能，培养身心和谐发展的合格社会成员的教育过程。在这个过程中，学生通过逐步掌握基本的体育锻炼常识、营养知识，体育运动技术和技能，提高心理健康水平和社会适应能力。通过充分调动教师教授与学生学习两方面积极性，激发学生学习体育和进行体育

锻炼的稳定兴趣。乡村学校教育就目前我国的国情来看至少要伴随一个人 12 年的时间，12 年的时间足足可以让一个人拥有一种思想，养成一个习惯，那就是接受终身体育的思想，养成锻炼的习惯，为进入社区后的终身体育打下基础。

二、乡村学校能够解决村落社区体育的一问题

学校体育对村落体育的辐射是学校体育本身向纵向的时间和横向的空间拓展的一个必然趋势，学校体育也应该跨越封闭的学校界限，与村落体育、家庭体育形成相互辐射的有机整体。乡村学校体育与乡村体育的发展有着十分密切的关系，乡村中小学校的体育场地设施，体育教师，学生，体育知识、技术、技能等都与乡村体育的发展有着重要的联系，乡村学校中的这些资源都是可以用来为乡村体育的发展服务的，只要合理利用，就能够缓解新农村体育发展所遇到的问题。

（一）解决体育场地设施不足的问题

村落社区体育场地设施不足严重影响了村落社区体育活动开展的状况，而乡村学校体育场地设施拥有较丰富的资源，学校体育场地大都在白天使用，周末时间场地也都闲置。而村落社区居民的活动时间基本都在晚上和周末，两者刚好形成时间差，只要协调好两者的开放时间，既保证了学校体育教学工作的正常开展，也减轻了村落社区体育场地设施不足的压力。

（二）解决体育人力资源匮乏的问题

大量的体育社会指导员和管理人员才能保证村落社区体育的健康发展和体育活动的有序进行。然而，村落社区的两方面人才都严重缺乏，相比较而言学校在这方面存在优势，体育教师大都具有一定的体育理论和运动方法等相关专业知识，具备组织体育活动和指导他人体育行为的能力，因此只要学校中的这部分人员能参与到村落社区体育中，充分发挥学校体育教师的指导和管理能力，将有效地解决村落社区体育人才缺乏的问题。

（三）为村落社区体育注入活力

学校教育的对象主要是儿童和青少年，人口规模之大，普及率之高，为任何社会群体所不可企及。青少年、儿童是社区中最为活跃的因素，他们在自身锻炼的同时也感染着身边的家人，促使他们参与到体育锻炼当中。他们为社区体育活动注入新的活力，促使社区体育向"轻松、愉快"的方向发展。以一带一的方式进行体育的身体力行的宣传，逐渐壮大了参与社区体育锻炼的队伍。

三、村落社区体育是学校体育的延伸

"村落社区体育是全民健身事业的重要组成部分"[①]，是村落居民在余暇时间内从事的一种活动，它没有任何的强制性，活动的内容也灵活多样，可由村民自主选择，对由学校刚踏入社会的学生来说，是学校体育的延伸，是终身体育的落脚点。

第一，促进学生正确体育价值观的形成。价值观的形成是一个由量变到质变的潜移默化的过程。村落社区体育通过为学生提供良好的学习环境和体育锻炼环境，促使学生的学校体育学习与村落社区体育活动形成良好的对接，促使学生形成正确的体育价值观念，使学生成为一名真正的终身体育锻炼者和传播者。

第二，有助于学生终身体育锻炼意识的养成。村落社区体育活动形式多样，项目众多，自我选择性强，符合儿童和青少年的心理特点，有利于培养学生对体育实践活动的良好情感体验，培养参与体育活动的兴趣，从而形成终身体育的意识

四、村落社区体育为学校体育提供社会教育资源

（一）乡村学校体育延伸的最佳场所

村落社区体育，是乡村学校体育延伸的最好场所。学校体育由于受到时空和教学

---

① 钱应华. 制约广西民族地区村落社区体育可持续发展的因素分析 [J]. 山西师大体育学院学报，2009，24（4）：52－54.

时数的限制，会有一些局限性，要使学校体育发挥作用，并检验学校体育教学的效果。村落社区，为学校体育延伸不仅仅准备了客观物质条件。村落社区健身路径所提供的场地设施弥补了学校休闲健身设施方面的不足，村落社区的一些休闲健身项目可以弥补学校体育项目的单调。

（二）提高体育教师的业务水平

在学校中，人们常常忽视体育课程的重要性，体育教师长期处在这样的工作环境中，对体育工作的热情也慢慢消退，用简单的动作和常识应付体育教学工作，体育教师的能力没有得到充分发挥，严重影响了体育教师的业务水平的提高和人生价值的实现。随着人们对体育知识的理解和对体育欣赏能力增加，在村落社区中体育教师在参与体育活动过程中逐渐得到认可，人生价值也得以实现，体育教师从中也感受到自身的社会价值。

学校体育与社区体育的双向结合是体育健康发展的必由之路，它既有利于学校体育教育功能的发挥和体育文化的传播，也有利于满足人们健身娱乐和文化的追求。两者之间相辅相成，因此我们应以乡村学校为切入点，通过不同层面、不同形式的活动方式，为乡村体育的发展开创一个良好的环境和氛围，把工作重点放在如何使学校体育人才走进村落社区，如何有效利用学校体育设施，学校如何传播体育文化的研究上，逐步创建一个以学校为中心，以社会为依托的环境，以促进乡村体育的快速发展。

第三节　乡村学校体育与村落社区体育的发展对策

一、构建"一体化发展模式"管理体系

政府要充分发挥自己的管理职能，引导学校体育和村落社区体育两者相互兼容发

展，从管理体制上找到突破口，清除现存于两者之间的管理体制障碍。由于学校体育和村落社区体育的组织机构不同，为了能让两者较好的联结，可组建学校村落社区体育一体化专门的机构，负责两者之间共同发展的管理工作和体育联络，通过相互沟通，按一体化发展的目标，实现两者在组织形式上的衔接。在保证学校正常的教学秩序情况下，对村落社区开放体育场地设施，可以使锻炼者得到体育教师的健身指导服务、体育信息服务和体育活动的组织服务等。同时，村落社区在开展群众体育活动时，主动配合学校开展校外体育，对学生进行积极影响，使学生的终身体育意识、习惯、能力在村落社区环境和条件下得以形成和发展，真正推动学校体育与村落社区体育健康、稳固、协调地发展。

二、加强"一体化发展模式"的宣传力度

"一体化发展模式"的开展需要全体村落居民、学校体育工作者、全体学生的共同参与，因此，应加强"一体化发展模式"的宣传力度，使全体村落社区村民了解其意义、开展方式、参与方法等，通过了解能够积极地投入到体育活动中来。"一体化模式"的宣传力度决定了农村村落社区体育开展的成功与否，决定了村落社区体育开展的范围和村民的体育参与意识。

三、实现乡村学校体育与村落社区体育的一体化发展

通过"一体化"的宣传，逐渐转变村民的传统观念，重新认识学校体育与农村体育的关系。鼓励村民走进校园进行身体锻炼，使村民掌握体育意识和体育知识；借助学校教育环境培养社区体育指导员，缓解村落体育缺乏科学体育指导的不足，使村落社区体育走上科学化的道路。通过学校体育与村落社区体育相结合的方法，兼顾两者的特点，广泛开展体育竞赛和表演，营造积极向上的体育氛围，从而促进农村体育事业的发展。

四、以乡村学校体育的改革为切入促进发展

在全面推进乡村体育发展的条件尚不成熟的前提下，选取一个恰当的切入点是关系现阶段乡村体育发展的现实问题，而乡村地区学校体育的特殊地位和作用客观上决定了它应该是担当这一角色和任务的最合适的选择，通过对它的改革可以对整个乡村体育起到促进作用，大球类等集体性活动项目对场地有专门要求。学生一旦没有了条件，参与体育锻炼和活动的积极性就会降低。离校后，在学校养成的坚持锻炼的好习惯也会难以坚持，使乡村学校体育对群众体育的辐射作用大大降低，难以发挥出乡村学校体育应有的作用。乡村学校体育教育的目标应该定位在发展学生的体育能力上，一种包含知识、态度与行为的完整结构的体育能力，根据农村的实际情况开展能够让学生真正喜欢的体育教学活动，注重培养学生体育锻炼的兴趣与积极性，树立终身体育的意识，注重体育技能的实用性，使学生能真正感受到体育活动的益处，无论在校内还是校外都能积极主动地参加体育活动，这样才能发挥学校体育对群众体育的辐射效应，有力地推动乡村体育的发展。

五、让乡村学校体育处于优先发展的地位

在现阶段，国家尚难快速全面的改善乡村体育的物质条件，如何更好地使用有限的财力物力并取得最佳的乡村体育发展效果，以乡村学校体育为切入点是最佳的选择。把乡村的学校体育放在优先发展的地位，最大限度地加大乡村学校体育的投入，在现阶段经济条件下优先改善学校体育的物质、人力资源等条件，使乡村体育的发展有一个坚实的基础。

六、实施学校体育场馆的对外开放

"学校体育场馆向社会开放是服务国家战略的需要"[①]，学校体育场馆的使用与村落

---

① 王登峰. 学校体育场馆向社会开放的理念与策略 [J]. 上海体育学院学报，2017，41（6）：1 – 3，33.

社区居民对体育基础设施的需求存在时间差，学校体育场地大都在白天使用，周末时间放假场地也都闲置。而村落社区居民的活动时间基本都在晚上和周末。要达到这种双赢的局面，需要做到以下两点：

一方面，政府相关部门应制定相关的政策文件，指导学校场地设施对外开放，并借此机会进一步加大对学校体育场地设施的投入，增加体育场地的规模，这样不仅为学校创造了良好的教学环境，也节省了体育设施建设的开支。

另一方面，为保证学校工作的正常开展以及对场地设施的保护，学校可以对学校体育场地设施的使用收取一定的费用，但价位要保持在村民能接受的范围内，做到真正意义上的体育资源共享。

第三章

乡村学校体育与阳光体育运动的实施

第一节　阳光体育运动原理及目标

一、阳光体育运动的基本原理

自然科学和社会科学中具有普遍意义的基本规律，是在大量观察、实践的基础上，经过归纳、概括得出的，既能指导实践，又必须经受实践的检验。"'阳光体育运动'是一个系统工程，也是一项长期工作，阳光体育持续健康的发展离不开学校、社区和家庭的共存共赢，需要的是自上而下的行政作为。"① 阳光体育运动原理也是以大量实践为基础，其正确性也是由实践检验与确定的。

阳光体育运动原理是在体育学科中关于阳光体育的、带有普遍性的、最基本的规律，是在大量体育实践的基础上，经过归纳、概括得出的，其正确性要经过实践的检验。从科学的阳光体育运动原理出发，可以优化现行的阳光体育的各个方面内容，对阳光体育实践起指导作用。阳光体育有九大原理：①制度优化原理；②人文关怀原理；③激励教育原理；④项目选萃原理；⑤类聚群分原理；⑥文化渗透原理；⑦社区参与原理；⑧科学锻炼原理；⑨寓教于乐原理。

---

① 金宗强，姜卫芬，鲍勇，等."阳光体育运动"实施过程中存在的主要问题及推进对策［J］. 湖南社会科学，2014，（z1）：43－45.

按照阳光体育整体最优化的思想，对阳光体育运动原理中相互制约的内部要素或需要相互配合的内部要素，进行目标权衡、协调与筛选，最后确定阳光体育的整体目标和具体目标。由此可见，阳光体育目标必须符合阳光体育运动原理，是在阳光体育运动原理之上进行考量的结果。相比阳光体育运动原理，阳光体育目标更加具有"实践"的可能性，是阳光体育的实践方向。

二、阳光体育运动的主要目标

（一）制度优化目标

阳光体育运动制度优化目标，是指对其内部管理制度中的缺口和薄弱环节，有针对性地通过制度建设、政策补充，不断优化阳光体育管理制度体系，提升和强化管理效力。

第一，"制度意识"目标。"制度意识"目标是指要有正确的阳光体育意识，明确阳光体育管理制度的主导思想，加强影响阳光体育规范的制度建设。只有对阳光体育的作用机制和结构有全面的认识和深刻的理解，才能提高阳光体育的运作效率。

第二，"制度知识"目标。要丰富阳光体育的"制度"知识储备，对阳光体育的认知、管理制度有广泛的了解，探究各国体育管理制度的原理、作用和优劣。

第三，"组织实施"目标。"组织实施"目标是指确保制度的可行性和有效性，使阳光体育能够顺利开展。要密切关注内外部各种因素对阳光体育实施的影响，及时了解与掌握阳光体育的组织管理、运作制度，保障制度在组织实施中的完整性，保证制度的执行力度，及时了解与掌握阳光体育组织管理、运作和不尽如人意的地方。

第四，"制度完善"目标。要及时调整和完善现行制度，根据执行情况对阳光体育制度进行客观评估，建立评价体系，适时修改、补充或重建阳光体育制度体系，保证阳光体育工作正常、高效开展。

（二）人文关怀目标

"人文关怀"从字面理解就是对人的关怀。阳光体育运动的"人文关怀"是一个内涵极其丰富的概念，包括学生的个体价值、尊严、独立人格、个性、生活及其意义、理想和预后评价等内容。表现手段多样化是阳光体育人文关怀的特点，凡是关注人、尊重人、爱护人的行为，就包含阳光体育人文关怀的精神。人文关怀的核心就是关心人、爱护人、尊重人，是阳光体育成功开展的标志之一。

体育教学中，应该贯彻人文关怀精神，只有贴心入微的教育，才能从灵魂深处感化学生。阳光体育教学在人文关怀方面首先应该体现品格关怀和集体关怀。品格关怀是对人类心性的关怀，也是最基本、最温暖的人文关怀。社会关怀是对集体、社会的关注与价值认同，是人文关怀广阔性的体现。在此基础上，还应该体现出人格关怀。"人文"与人的价值、人的尊严、人的独立人格、人的个性、人的生存及其意义等密切相关。"人文关怀"，就是对人的生存及其生命意义的关怀，是对人的尊严的认可。在品格关怀、社会关怀、人格关怀的大方向上，还应该体现出区别教育的特点。人文关怀应该体现为尊重学生的主体地位、尊重学生的个性差异、关心学生丰富多样的个体需求、激发学生的主动性和创造性、促进学生全面发展。阳光体育运动的开展要着眼于对人的尊重。

心理学家马斯洛的需求层次理论认为，尊重的需要是人较高层次的需要，是社会的人对自我评价、自我尊重的需要，是对社会评价和社会尊重的渴求，学生受到尊重会产生快乐、自信的体验，不受尊重则会产生悲伤、自卑和无能的消极情绪。因此，满足人的尊重需要是阳光体育取得实效的关键。阳光体育只有在尊重学生的基础上，唤醒、激发学生的主体意识，培养学生的主体能力和主体人格，才能有效提高阳光体育的针对性和实效性。

（三）激励教育目标

激励教育就是指教育组织者根据一定的培养要求，创造一定的激励环境，通过各种激励手段，对受教育者施加影响的教育过程。激励教育的本质在于激发人的主观能动性，挖掘人的内在潜能，促使受教育者按照培养目标的方向发展。在学校体育教学中建立激励教育机制，就是要创造一种以激励教学为基本框架结构的教育体系，以适宜的体育教学环境，激发学生的主观能动性和内在潜能，促使他们在掌握运动技术、培养个人思想道德品质、提高个性心理素质等方面得到主动、健康的发展和人格的自我完善。激励教育是实现学校体育教学目的的有效途径之一。学校体育激励教育的对象不仅包括学生，还涉及体育教师和体育工作领导者。

1. 激励教育的生理机制

人体总是在与外界环境的相互作用过程中维持一种动态平衡，人体有适应外界环境条件变化的应激能力。在体育教学过程中，通过各种激励手段，对人体产生适度有效的新异刺激，大脑皮层接受这些新异刺激后，对外界感知的兴奋性得以提高，从而强化了对正确动作的理解和记忆。同时，新异刺激促使中枢神经产生神经冲动，然后传给内脏、腺体等效应器，使人体做出较长时间的适应性反应。而各种效应器又将人体适应的结果反馈给中枢神经，从而使人体不断适应环境变化和调节自身，促使个体向激励的目标发展。总之，受到激励的学生常常产生一定的生理反应，从而提高内脏器官的工作能力和神经系统的灵活性，有利于教学目标的实现。

2. 激励教育的心理机制

激励的手段多以心理因素尤其是情感因素为主，如对学生的期望值、重视程度、自信心的培养、学生的成败体验、学生对教师的依赖性等，情感因素是影响学生学习效果和训练成绩的主要因素。人体具有把握外界客观事物的主观能动性，引起人内心某种情绪体验的主要不是外界事物本身，而是个体对外界事物的感知、接受和评价。在体育教学过程中，针对学生的同一种动作，教师可以做出积极性和消极性两种截然不同的评价，与此相对应，学生也会对教师的评价产生接受和排斥两种不同的情感体验，而不同的情感体验直接影响学生的学习效果。受到积极性情感体验的学生往往会在较长一段时间内保持较高的心理能量水平。

人体运动总是呈现一种倾向性，这种倾向按照一定的情绪目标指向向前发展，个体对运动结果的成败所做的种种归因，往往直接左右着运动的发展方向。接受积极的情感体验可以促使个体对动作进行有效调控，并在潜意识中不由自主地达到成功，而消极排斥的情感体验则使个体对能否完成运动动作产生疑问，并直接引发身体机能的松散麻痹，造成意志力下降，从而导致整个运动动作的失败。激励教育就是要使学生产生积极的情感体验，从而提高学生的心理能量水平，培养学生的自觉意志行为。

3. 激励教育的常见方法

（1）成功与挫折激励

1）成功激励。成功激励是指在体育教学实践过程中，教师充分利用和创造有利于学生成功的环境，协助支持学生顺利完成运动动作，使学生充分享受到成功的体验，从而提高学生继续学习的兴趣。在体育教学中合理运用成功激励，要做到因人而异，在充分发挥学生主观能动性的前提下，针对不同水平的学生设置不同的成功标准。在具体制订成功标准时，应考虑学生自身的身体状况和动作的实际难度。一个合理适度的成功标准，应该是学生通过努力学习、刻苦训练可能达到的标准。若标准太高，学生容易产生畏惧心理，若标准太低，学生又容易产生倦怠心理。以上两者都不是理想的激励方法，自然也难以达到预期的学习效果。

2）挫折激励。挫折激励是与成功激励相对应的激励方法，它是指在体育教学实践过程中，教师正确对待学生遭受的挫折，对挫折在学生心理上延续的时间和强度加以调控，因势利导，将消极因素转化为积极因素，从而使学生形成良好的心理品质。在体育教学实践过程中，教师可以充分利用训练过程中遇到的具体挫折，培养学生面对困难的勇气，最大限度地减少挫折对学生造成的悲观、犹豫、情绪低落，甚至抵触排斥等负面影响，引导学生正确认识挫折与失败。运用挫折激励同样要因材施教，把握好尺度和分寸。对于过高估计自身身体条件、处于盲目自信状态的学生，可以在教学中增加动作难度，设置成功障碍，利用挫折体验激励这类学生，使其重新认识自身条件，认真反思并调节自身行为，促进其个体心理机制的健康发展。对于性格内向、自信不足、表现欲望低的学生，可以在教学中尽量减少挫折激励的使用频率，更多地运用成功激励调动这类学生的学习积极性。

（2）表扬与批评激励

1）表扬激励。表扬激励是指在体育教学过程中运用口头赞扬、物质奖励等方法正面激励学生的学习欲望，使其能够积极主动地学习。在教学过程中合理、正确地使用表扬激励，不仅可以调动学生的学习积极性，更能从感情上拉近师生之间的距离。在教学过程中，体育教师应及时发现学生完成具体动作过程中的闪光点并予以肯定，同时配合引导正确规范的行为方式。表扬激励容易使学生对正确规范的动作产生条件反射，同时使形成条件反射的大脑皮层的暂时性神经联系变得更加牢固。表扬激励在发挥学生的主体参与意识、增加学生的学习热情、发展学生的个性心理品质等方面，都具有巨大的正面促进作用。

2）批评激励。批评激励是指在体育教学过程中运用批评的方法，从反面激励学生战胜自我、超越自我，主动调节自己行为的方法。批评激励的运用往往与学生的课堂表现具有负相关性，对于那些成绩好、课堂表现好的学生可以尝试多采用批评激励，使其确立更高的学习目标。对于那些成绩较差、身体素质一般的学生，则应注意批评激励的分寸，尽量避免使学生产生悲观失望、自暴自弃的心理。在体育教学过程中还应注意批评激励的时机和地点，避免在全班同学面前公开批评，以免使学生产生较强的逆反心理。同时也应注意批评的语气，因为生硬粗暴的批评往往很难让学生自觉接受，宜采用平和、适度的语调，把道理讲清楚即可。

（3）评比与竞赛激励

1）评比激励。评比激励是指在体育教学过程中利用不同学生之间的对比比较，找出差距进行激励的方法。采用评比激励，应该做到客观、公平、公正，如实地反映学生之间的差距，同时应结合其他激励方法，避免出现因简单比较而挫伤"后进生"积极性的不良后果。评比激励的具体操作过程不仅可以在同班同学之间进行比较，还可以和高年级同学、优秀运动员进行比较，要充分利用先进人物的优秀表现或事迹来激励学生。

2）竞赛激励。竞赛激励是指在体育教学过程中，教师组织穿插一些教学比赛，或者利用课余活动时间组织一些小型竞赛活动、举办校运动会，激励学生弥补不足，刻苦训练，以取得更加优异的成绩。在体育教学过程中穿插竞赛符合青少年学生的年龄特征，有利于调动学生的积极参与意识，能够增强学生的积极性和表现欲。教师应该充分发挥学生的积极性，将教学内容和竞赛内容有机结合，以竞赛带动教学，以竞赛促进教学。

（四）项目选萃目标

项目管理是一个管理学的分支学科，是指在项目活动中运用专门的知识、技能、工具和方法，使项目能够在资源有限的限定条件下实现或超过设定的需求和期望。项目选萃目标是在体育运动项目内部，对各个具体的运动项目，按照阳光体育的要求进行筛选和选配，以适应阳光体育的不同需求。阳光体育运动项目选择应该遵循一定的法则，如平衡选配、项群分类、运动处方等，都是阳光体育目标的分支之一。

平衡选配目标，是指在进行项目选择时，对学生的兴趣和生理特点、项目的适用性和可行性、师资、场地等条件，进行综合考量后，平衡各方差异，制定最合理的目标。平衡选配目标的特点是选择的目标不一定是最佳目标，但是放在阳光体育的大环境中，该选萃的目标又是最合适的。

目标选萃的项群划分，在阳光体育领域，主要从技能主导、体能主导两方面进行划分，选择目标时，必须有技能主导类的、以提高运动技能为核心的目标，同时也应该涵盖体能主导类目标，在具体的教学环境中，体现在学与练的目标上。

项目选萃的要求如下：

第一，项目选择的普遍性。运动项目选择应该适合多数特定人群的个体特点，应具有普遍适用性。

第二，项目选择的目的性。要通过开展阳光体育运动项目，实现运动项目的目的性，应该保证满足或超越运动项目有关各方所提出的项目分目标，并需要满足项目有关各方未明确规定的潜在需求和追求。

第三，项目选择的独特性。运动项目选择的独特性，是指运动项目不同于竞赛项目管理，也不同于常规的社区体育锻炼内容，它是一种新型的项目管理活动，项目选择应该针对阳光体育运动的本质，具有自身的独特性。

第四，项目管理的创新性。项目管理的创新性包括两层含义：①项目本身具有一定的创新性；②适应阳光体育运动的创新性。

（五）类聚群分目标

阳光体育的活动内容包括健身活动、休闲活动、竞赛活动、保健康复活动和心理智能调节活动等。类聚群分目标是指，在健身、休闲、竞赛、养生、体育旅游、民族传统体育、保健康复和心理智能等不同领域，提纯出各领域的活动目标，当这些领域与阳光体育进行交叉结合时，调整和利用不同领域的目标以适用于阳光体育，有针对性地设置阳光体育目标，把阳光体育目标进行分类归整。由此可见，类聚群分目标体系是体育领域与其他学科领域进行交叉时，产生的新的目标体系，该目标体系在进行目标设置时，又可以从参与个体的群体区分（学校、社区）、性别差异、兴趣分化、教法分化、内容差异等方面，进行目标设置。

类聚群分目标和项目选萃目标有本质的区别，主要在于项目选萃目标是在运动项目内部进行目标设置，而类聚群分目标体系要显得宽泛许多，是体育与其他领域交叉结合后产生的阳光体育的新目标；目标的平衡选配对于项目选萃目标，显得较为主要，在具体的阳光体育目标设置中，我们必须在运动项目选择时，全面考量，选择最合适的目标。而在类聚群分目标设置中，我们可以在某个领域内部，进行最优的目标设置，不需综合考虑其他领域的目标设置问题。

（六）文化渗透目标

一个庞大的文化体系包括刊物、图书、会议、研讨会、美术展览、音乐会、广播、授奖、培训等。对外文化渗透过程中，一是积极完善对外文化渗透的制度框架；二是向目标国输出电影、电视、广播、报纸、书籍、杂志和音像产品；三是开展演出、展览、音乐会、研讨会、颁奖、培训等多种形式的文化交流活动；四是充分利用信息技术，不断增加和变革对外文化渗透的方式，如面向青年群体，更加广泛地使用互联网技术等。

按照体育文化的三层面学说观点：精神层面是整个体育文化的核心，是体育文化建设的目的所在，而价值观又是精神层面的核心；制度层面是手段，通过体育制度、政策法规对体育文化精神层面进行深化和完善，而行为规范是价值观的外在表现；物质层面是基础，为制度层面和精神层面服务，是体育文化建设的条件保障。学校可以把一些优秀传统文化以公共选修课程的形式纳入学校常规的教学系统，并在教学过程中采取多种教学形式来展现实践性较强的体育文化，增强学生对体育的理解和认知，建立具有优秀体育文化特色的新型校园文化。

强化专业知识教育与传统文化的联系。教学计划、教学大纲、教学内容、教学方法、实践环节、考试考核、学生日常行为管理制度以及文化活动等都要体现出对这些专业素质的养成教育。

（七）社区参与目标

社区教育是现代社会城市化的产物，最早可以追溯到 18 世纪末的英国。社区教育的内容主要集中在政策宣传和文体娱乐两个方面。社区体育作为社区教育的内容之一，是社区教育不可缺少的部分。城市社区建设与新农村建设，均是社区阳光体育覆盖的目标。

社区参与目标是指在阳光体育的项目制定、规划决策、监督管理等方面，充分考虑社区的意见和需要，将其作为主体目标之一，以保证阳光体育的全面发展和社区体育的协调发展。社区参与目标是社区阳光体育运动目标的基础。阳光体育健康运动是有计划、有组织、有系统的教育活动，有着明确的近期目标和长远目标。

社区参与目标是一个十分具体和个性化很强的实践目标。社区是我们生活中不可缺少的一个综合基础的群众基础机构。它为我们居住在一个固定区域的居民群体范围内的居民，起着一种媒介桥梁的作用。而社区中的阳光体育运动，让这种媒介桥梁具有了真实的内容。然而在社区实践中，它又面临着众多的问题，如有限的人力、物力和财力矛盾等，根据社区需要和主客观要求做出最佳选择，使有限的体育资源发挥最大的效益就成为一个首要问题，制订阳光体育目标的首要步骤是进行社区需求评估，包括评估社区人群的体育需求、愿望以及他们的生活质量，以了解社区人群的健康需要和体育需求。

居民的社区体育参与有无序参与和有序参与之分，也就是可分为被动参与和主动参与。从系统演化角度考察，在不受外界特定指令作用的情况下，系统由无序走向有序、由低度有序走向高度有序正是系统的自组织过程。因此，居民的社区体育参与，也应该适时地进行有序干预。而明确社区体育参与目标，是具有指导意义的目标干预。

社区体育活动通常是由社区居民自主进行的简便易行、大家喜闻乐见的、形式多样的身体锻炼活动，具有自主性、公益性、多样性、趣味性和服务性等特点，对丰富居民文化生活，提高居民生活质量，交流邻里感情，改善人际关系，促进社区繁荣发展等都有重要意义。

阳光体育的最终目标是实现终身体育，社区是每个个体的生活空间，阳光体育运动应该和社区环境相互适应。社区环境应该适合阳光体育运动的开展，阳光体育运动也应该符合社区建设的需要，二者相辅相成，相互促进。

阳光体育对于社区居民应该起到如下三个促进作用：

第一，有效地帮助人们健身，促使人们体格健壮、体态优美，形成并保持各种良好的身体素养，增强体力；使人们能够保持头脑清醒、思维敏捷，提高人们的学习、工作、生产效率和生活质量。

第二，有效地促进人们的身心健康，调节与消除各种不良情绪，促进人际交往，增进彼此的了解与友谊，使人们的精神更愉悦，生活更快乐。

第三，丰富社区文化生活，提高人们的体育文化素质，有利于移风易俗，建立健康的生活方式，促进精神文明建设。

（八）科学锻炼目标

科学锻炼是一个宽泛的概念，要做到科学锻炼，需要在全面锻炼的基础上实现身体的协调发展，持之以恒和循序渐进地参加体育锻炼。要实现科学锻炼目标，需要从以下几个方面入手：

第一，科学的认识。科学锻炼的前提条件是必须具备一定的知识储备，掌握一些科学锻炼理论、锻炼原则、锻炼经验、项目规则、技术规范和一定的运动生理学知识。

第二，科学锻炼应具备的物质条件，是与锻炼有关的器材、设备、场地、服装等应该符合锻炼的基本要求。

第三，科学的锻炼方法。科学锻炼方法体系涵盖身体练习、运动负荷、运动时间、锻炼计划、运动处方等。体育锻炼的基本方法是合理安排各种身体练习的相互联系、作用的方式和运动顺序。科学锻炼方法体系是在体育锻炼过程中，人们根据自身条件和需要，制定合理的锻炼计划和运动处方，然后选择适合自己身体的练习方法，再把不同身体练习进行排列、组合，遵循一定的运动负荷和运动时间，以不同组合方式和顺序进行练习，从而对人体产生定向、定点、定量的生理刺激，以达到科学锻炼的目的。阳光体育追求锻炼目标的多样性，实现功能的多样性，决定了科学锻炼方法的多样性，阳光体育科学锻炼方法体系具有复杂性、系统性的特征。

实现科学锻炼的目标与方法，应该注重个体的体质差异和锻炼的循序渐进。必须注重个体的体质差异，锻炼者的体形、身高、体重、体力、智力等因素，是科学锻炼时必须考虑的因素。唯有注重锻炼者的个体差异，才能真正实现阳光体育。体育锻炼的循序渐进是指在学习运动技能和安排运动负荷时，要由小到大、由易到难、由简到繁，逐渐进行。

（九）寓教于乐目标

寓教于乐的本质含义，在于把"教"包含在"乐"里，通过"乐"这个载体，完成"教"的行为。大教育家杜威把"乐"和"兴趣"作为一个载体进行思考，指出："兴趣"这个词，从英文辞源上说，含有居间事物的意思，即把两个本来远离的东西连接起来的东西。在教育上，这个距离可以视为时间上的，一个过程的成熟需要时间。在学习中，学生现有的能力是开始阶段，教师的目的代表遥远的终点，在这两者之间是手段即居间的种种情况。只有通过这种种居间的事情，开始的活动才能取得完满的结果。在这里，教学过程恰似一艘渡船，"乐"和"兴趣"是驱动航行的船桨，把我们需要的知识传递给学生。

在阳光体育中实现寓教于乐目标，就是指在教学的过程中，要求教师将各具特色的体育教学内容融入丰富多彩的教学活动中去。"寓教于乐"的教学活动旨在使体育技术学习变得亲切、生动，在阳光和谐的氛围中完成体育教学，教学以创造性和活动性为主线，体现教学内容的情感性、联系性和完整性，克服教学过程中学生的焦虑感、倦怠感。

阳光体育目标中的"乐"，不是简单的浅层面的玩乐，而是赋予了"思考"的快乐，在体育活动中，通过创造性的活动，激发学生进行"理性"思维，使学生在收获和感悟中得到满足，这种收获后的成就感，就是阳光体育目标中的"乐"。寓教于乐可以增加学生的凝聚力。阳光体育活动是一种"黏合剂"，它通过传递体育精神和共同价值观念，把学生紧紧地团结在一起，使大家心往一处想，劲往一处使，真正实现团队的凝聚力；寓教于乐中"润物细无声"的教育方式，具有极强的导向作用，在阳光体育活动中，价值导向和行为导向在悄然的进行中，潜移默化地引导着学生。当然，要想实现寓教于乐，不能离开学生，不能脱离时代的特征。

三、阳光体育运动长效机制的构建

机制是使制度能够正常运行并发挥预期功能的配套制度，它的非常重要的一个基本条件是要有比较规范、稳定、配套的制度体系。长效机制是指能长期保证制度正常运行并发挥预期功能的制度体系，它必须随着时间、条件的变化而不断丰富、发展、完善。目前，"'阳光体育运动'开展的实效性不强，迫切需要健全和完善'阳光体育运动'的长效机制"①，"阳光体育运动"的长效机制，应是经过实践证明有效的，通过总结归纳上升到一定理论高度并有相应的规章制度保障的工作方式和方法。通过以上分析影响"阳光体育运动"长效机制可持续性发展的因素，对落实构建"阳光体育运动"长效机制提出如下几个建议。

（一）"健康第一"思想教育机制

"健康"是一个综合概念，健康不仅是没有疾病，而且包括躯体健康、心理健康、社会适应良好和道德健康。学校教育要树立健康第一的指导思想，目的是让教育行政部门、学校更加关注学生的健康，在促进人全面发展的过程中，把学生的身心健康放在第一位。随着社会的发展、科技的进步，人们对"健康"概念的理解也出现了质的飞跃，学生的健康问题已不局限于营养不良和体质的增强，而是逐渐扩展到身体、心理、社会适应能力和道德品质的多维一体，也使"健康第一"思想逐步由学校走入家庭和社会，实现社会和谐。"健康第一"思想可谓是体育发展的战略思想，是体育强国的千秋大计。因而"健康第一"是一种教育思想，是一种体育理念用科学、系统的机制保证"健康第一"思想在学校、社会、家庭中得以传播，从而提高全社会特别是教

---

① 刘荣华，王丽娟，鄢佩，等. 我国高校"阳光体育运动"的现实问题与发展对策［J］. 体育文化导刊，2017，（9）：118－122.

育部门对学校体育工作的高度重视，并把它作为学校体育工作的指导思想。

第一，体育运动是一种传播健康体育价值观的理论载体。体育锻炼能有效地调节大脑的神经过程，提高智力活动功能。经常性的体育锻炼能优化人的性格，培养自尊、自爱、自信的气质，能够养成开朗、热情、积极和顽强的性格特征。体育锻炼能排除个人性格、情绪等心理状态中不健康的因素。体育运动是治疗抑郁症、焦虑症等的有效手段之一。体育作为一种传播体育价值观的理想载体，在激发爱国热情、振奋民族精神，树立自强、自信信念，激励荣誉感、责任感等方面，已得到社会公认，具有不可忽视的效应。体育活动对培养学生的主体意识、健康意识、道德情操、进取精神、竞争意识、法律意识、规范社会行为、树立团队精神、协调人际关系、促进人的全面发展等方面，都具有潜移默化的作用。

第二，"阳光体育运动"长效机制是"健康第一"思想教育机制的体现。"阳光体育运动"是在青少年学生体质持续下滑和在全国推进素质教育、"健康第一"的教育指导思想下提出的，"阳光体育运动"长效机制和"健康第一"思想教育机制都是以人为本。学校体育应树立"健康第一"的指导思想，彻底改变传统的重竞技、重"育体"的教学观念，树立面向全体学生、全面发展学生健康素质的健康教育观，充分调动和发挥社会、大自然对学校体育的有利影响和作用，培养学生的社会适应能力，从而促使他们在全面发展的基础上使自己的生理、心理、社会适应力和道德品质得到健康和谐的发展。从理论和实践中建立起长效的"健康第一"思想教育机制，更好地落实"阳光体育运动"长效机制。

（二）学校体育工作机制

学校体育工作机制是一个包括体育课、学生课外体育活动或运动、体育竞赛等工作内容以及学校体育长效机制目的、方式（方法）、制度、组织领导、保障措施以及效果评价在内的有机体系。具体内容为：开齐并上好体育课，地方和学校不得以任何理由削减、挤占体育课时间；保证课外体育活动时间，凡没有体育课的当天，学校要组织学生参加一小时课外体育活动，课外体育活动时间应排进课表，形成制度；学校要将大课间体育活动排入课表，按时进行，要积极探索、不断丰富大课间体育活动的组织形式和活动内容，科学、合理地安排运动负荷；每年举行一次全校运动会和篮球赛等。

1. 加强学校体育工作管理机制

校长是保证学生每天一小时体育活动的第一责任人，学校各部门及广大教师都要关心和支持这项工作，认真解决体育工作中存在的实际问题，切实履行促进学生健康成长的责任。首先，班主任教师负责监督班级落实国家规定的课程要求，防止体育课程、体育活动时间被挤占挪用；其次，提高体育教师的思想政治水平，体育教师要切实履行职责，上好每节体育课，积极营造学校体育氛围。体育教师要建立《学生体质健康标准》测试报告书制度以及新生入学体质健康测试制度，及时向学校、班级和家长报告学生体质健康状况，其他任课教师要提高课堂教学质量，坚持做到不挤占体育课和体育活动时间，并在课堂教学中注意纠正学生不健康的坐姿和用眼方法，关心每个学生的健康成长。形成由校长牵头，主管副校长负责，体育教研组长落实，班主任协助，其他老师参与的从上到下的领导体系，确保"阳光体育运动"长效机制顺利实施。

2. 加强学校体育的安全保障机制

加强对师生的安全教育。加强体育教师安全方面的培训和对学生的校园安全及课堂安全教育要常抓不懈。体育教师应深入细致地把握学生的身心状况，激烈运动前做好准备活动，运动后做好整理运动。完善学校体育设施、体育课程和活动的各项管理制度，保证体育设施的配备质量，明确安全责任，制定安全措施，做好防范工作，确保师生安全。《中共中央国务院关于加强青少年体育增强青少年体质的意见》明确提出："建立和完善青少年意外伤害保险制度，推行由政府购买意外伤害校方责任险的办法"。各级各类学校要建立一个以校领导牵头的校园意外伤害事件应急处理机制，积极提倡和推广为学生购买意外伤害保险的经验和做法，为学校处理好意外伤害事件提供必要保证。

3. 完善学校教师管理制度

体育教师作为学校体育工作的重要实施者和核心要素，已成为社会关注的焦点。因此，加强体育教师工作考核，不断激励教师努力学习，提高自身素质；鼓励教师开展科学研究及教学研究，促进教师队伍由经验型向科研型转化；加强在职教师进修培训，不断拓宽其视野、更新知识、新观念，增强实践能力以提高业务水平；根据体育课时，确定中小学体育教师的编制数额，保证合理配备体育教师；实施教师资格制度，开展面向社会认定教师资格工作；拓宽教师来源渠道，引入竞争机制；对中小学兼职体育教师实行岗前培训、持证上岗制度；保障体育教师的合法权益，参照教育和劳动部门制定的相关标准，落实体育教师室外工作的劳保待遇；提高教育质量和办学效益，建立一支不仅有崇高职业道德和奉献精神，而且有过硬的教学本领和现代化的教学思想的教师队伍，能为落实"阳光体育运动"长效机制创造重要的条件。

（三）组织管理机制

1. 养成终身体育锻炼习惯的必然性

终身体育是依据人体发展变化的规律、身体锻炼的作用，以及现代社会的发展不断对人提出的要求，伴随着终身教育的发展而发展起来的。根据人体生长与发展的各个不同时期的身心特点和所从事的工作、职业特点以及所处的环境，都要对体育锻炼加以科学的指导，并采取积极的体育手段，有效地使身体得到锻炼。这一过程，就构成了终身体育的系统。由于现代化进程加快，现代社会生活方式的改善，生活质量的提高，人们的思想观念在改变，健康长寿成为人们追求的目标，身体锻炼应成为人们日常生活的组成部分，而且人体的活动规律要求必须坚持身体锻炼，如果身体锻炼不能持之以恒，一日曝而十日寒，就不能产生持续的锻炼效果，同时身体锻炼需要科学的指导和不断接受新的体育教育，这就必然要求人们形成终身体育锻炼的习惯。

2. "阳光体育运动"与终身体育思想的一致性

终身体育的指导思想，是指以培养学生终身参与体育活动的能力和习惯为主导的思想。终身体育思想将学生身心健康作为根本目的，这是因为体育将成为提高生活质量的要素，走进人们的生活，学校体育要把握好健康与体育的本质联系，通过学校体育培养学生终身健康与终身体育的意识、能力和行为。终身体育思想是把人一生的身心健康问题看成一个系统，把学校体育的视角从关注学生的当前扩展到关注学生的未来，甚至终身。这种思想对学校体育的整体改革有重大推动作用。因此，针对课外活动的多样性、分散性、选择性、差异性、独立性、多变性的特点，提出促进"阳光体育运动"列入课外活动的可操作性的、科学的组织管理机制。这与终身体育所重视的培养学生体育兴趣、意识、习惯和能力如出一辙。

3. 开展灵活多样的体育教学活动

为实施健康教育和全面推进阳光体育运动，应采用一种更灵活、更多样化的方式开展体育教学活动，使课内课外达到完美的统一。阳光体育运动可以突破学校体育课程的限制，不受班级、课时及教学内容的限制。学生可以自由选择学习空间大，弹性强，有利于调节，为学生自学、自练和自我创造，参与竞赛，体现自我价值，培养竞争意识创造良好的氛围，最终使学生养成终身体育的意识和习惯，提高学生的综合素质。

（四）学生自觉参与机制

1. 重视学生的主体地位

校园体育文化所创造的氛围能使得学生愉快地、自主地进行身体锻炼，促进学生个性的发展，培养学生独立性、自主性、创造性、道德性等方面的能力。能充分挖掘学生的潜力去从事创造、享受体育活动，以获得知识的满足感、技能提高的喜悦感以及失败后战胜困难的超越感、和他人共同参加体育运动的集体感、运动后的轻松愉快感、学生自我选择实现目标的成就感，增强融入体育活动的自觉性。不是被动的一般参与，而是主动的自觉参与。

2. 激发学生的运动兴趣

根据学生的特点，利用丰富多彩的运动载体开展形式多样、新颖有趣的具有大众化、民族化、地域化的体育锻炼活动，调动学生学习体育的积极性，从学生学习心理以及体育特点出发吸引学生加入到"阳光体育运动"中来，这就要求学校考虑自身条件、学生兴趣、传统项目，突出以娱乐、健身功能为重心的体育课程内容，积极开展户外体育运动项目，如陆地——野外定向运动、山地自行车、野外生存、攀岩、登山、轮滑、滑冰等；水上——潜水运动、滑水、钓鱼、划船、游泳、帆板等；民间娱乐健身运动——舞龙、舞狮、跳绳、龙舟、毽子、木兰拳扇、秧歌、秋千等。这些体育休闲娱乐项目将带给学生们广阔的选择空间，这些项目有的是智力与体力的考验、有的是刺激性的胆识探险、有的是消遣性的娱乐、有的是生活技能的学习等。

通过休闲娱乐的体育活动，同学们在宽松、自由、主动的学习环境中娱乐、健身、提高、发展，并享受运动的乐趣；同时又增加了人际交流沟通协作的机会，热爱生活、享受生活、缓解学习与生活的压力，增进自身健康。我国一些地区将少数民族传统项目，如高跷竞速、陀螺、押加、民间糠包、竹笛舞与乒乓球、跳绳、艺术操等大众体育项目有机结合，使学生既锻炼了身体又学习了本民族的传统体育项目，把单调的课堂变成了优美生动活泼的乐园，提高了体育学习的质量。

3. 以学生为主体，建立长效的学生自觉参与机制

以教师为主导，以学生为主体，已在体育教学中被广大体育教师广泛接受。不仅要在教学过程中，而且要在制定教学目标和选择教学内容时考虑学生的主体要求，做到教学目标的制定、体育教学内容的选择、教学方法的运用、教学课堂结构的安排等都必须尊重学生个体自身的内在需要。同时，不能忽视学生自身自主发展的需要，真正体现学生的主体性地位。在体育教学中实现从"让我学""让我练"转变成"我要学""我要练"的体育教学新思路，提高学生的自觉参与意识，进而树立其乐观向上的生活态度，促进其身心全面、健康成长。

（五）考试评价机制

1. 改革、完善学生体育考试制度

传统的体育考评在考核要求上，不仅提高传统项目的分值比重，而且不同时期，提出了不同的考核标准，并严格执行。传统项目不及格则体育课不及格的一票否决制。在考核形式上，不仅仅局限在对单项的技评与达标上，还要把专项技术与专项素质相结合综合测评。考核内容和形式进行改变，使传统的"专项训练课"变为内容丰富的健身课，学生兴趣高，课堂气氛活跃。体育课学生无精打采，课外体育活蹦乱跳的现象就能得到改善。

素质项目一般可以分为速度、力量、耐力、灵敏、柔韧五类。例如耐力类长跑是发展人体心血管系统功能的最好形式。为了更好地发挥健身跑作用，不仅把它纳入体育课每学期的考试内容之一，而且在考核形式上，变传统期末一次考试为结合《学生体质健康标准》的学期分段考试制。这样，一则可以督促学生养成良好的锻炼习惯，提高健身效果；二则可以鼓励素质较差的学生不至于失去信心而放弃长跑锻炼。只要考试项目分段考，大部分学生就会坚持身体锻炼，学生耐力等素质普遍较差的现象就

会得到改善，健康素质就会得到提高。

扎实的体育理论知识是从事健康体育的基础。为了使学生较全面的掌握体育健身知识，在理论课考核方法上，可以变原来的闭卷考试制度为现在的开卷考试制度，扩大考核范围，拓展了学生的知识面。在考核内容上，以《体育与健康》理论课教材为基础，以健身性、实用性为原则，筛选出考试试题并建立试题库。通过理论课考核方法和内容的改革，促使学生更多的了解和掌握体育与健康知识、保健措施，使他们在面临与健康相关的问题时做出自我选择，以改善自己的健康状态。

对寄宿制学校，早操是学生进行课外体育活动的重要内容之一，也是培养学生意志品质、树立科学健康生活方式的良好形式。学校在积极引导的同时，应该把早操的出勤率也应纳入体育课的考核内容，一方面督促学生重视早操，形成良好的生活习惯；另一方面使学校体育课内容与课外活动相结合，共同完成对学生的健康教育。

2. 改革考试评价制度

传统的体育考试，以分数进行评价，只是单纯从生物学理论的角度认识体育，并用生理的一些指标对考评进行等级划分，忽视了学生的个体差异性，忽视了教学过程中学生所表现出的自身提高幅度和努力程度，没有起到促进教学和激发学生学习的目的，这与健康第一思想的精神是不相符的。由于体育学科不同于其他学科，有其特殊性。学生的生理机能发展有其自身的规律，如果在教学中要求学生只追求那个预定的"分数"来表示对体育教学目标的追求，那么这与"阳光体育运动"既强健体魄，又促进身心和谐发展的特征是相违背的。

正确地评价学生应该是客观的、全面的，不仅要评价学生"三基"的掌握能力，还要评价学生的思想品德、学习态度、努力程度、创造力以及身心素质、个性特长等。评价的方法应该是科学的、多样的，应该做到智力因素评价和非智力因素评价的结合、绝对评价和相对评价的结合、定量评价和定性评价的结合、教师评价和学生评价相结合、过程评价和结果评价相结合等，这些评价是不能单纯用考试分数就能完成的。改变传统的评价体系，从多角度发展需要的视角出发制定综合性的体育成绩评价模式，从单一的"育体""达标"评价向多角度、多方法的综合质量评价转化，尽可能通过考核评价的多种作用，来实施体育教学过程中的良性反馈调节，使成绩考评真正转移到"启智、求知、调心、育人、健身"这一主要目的上。

3. 建立学生毕业、升学考评机制

在学生的综合素质评价中，将学生的日常体育成绩、体质健康状况、参与体育活动的表现作为重要评价内容。严格执行体育考试制度。认真组织实施体育考试工作，要求各地把初中升学体育考试成绩记入升学考试成绩总分，但各地在体育考试上做法不尽相同，有的地方是象征性考试，有的地方体育成绩所占分值适度提高。另外，选择恰当的考核评价方法（如过程性评价与终结性评价相结合），建立切实可行的学生毕业、升学体育考核评价规则。

（六）长效保障机制

1. 创建物质保证

体育设施是体育活动开展的物质基础。充分开发和合理利用体育场地设施资源，加大投入，改善体育运动场馆建设，添置必需的体育设施和器材。条件较好的学校可修建多功能体育馆、游泳池、健身房、篮球场、排球场、网球场、滑冰场等，条件较差的学校也可充分利用校园空坪隙地，最大限度挖掘场地器材的布局、使用空间，打破以往场地器材竞技化、成人化、模式化的规格限制。把场地器材改造成适合青少年儿童心理、生理特点的"快乐体育园地"。

2. 增加经费投入

各地教育行政部门要保证中小学校体育经费的投入，学校公用经费要按一定的比例专项用于学校体育工作。把握好学生业余体育活动的每一件、每一项，按照符合校园体育文化要求、符合学生生活规律、满足学生心理需求的体育活动，更好地丰富和发展校园体育文化内涵，建设好校园体育文化。支持中小学校认真执行《中小学校体育场馆设施、器材配备目录》，同时，学校还应结合实际，因地制宜，积极建设快乐体育园地，努力满足青少年学生体育活动的需要；在保证正常教学秩序的情况下，使学校体育场馆在课余和节假日向广大学生和社区居民开放，根据器材特点确定多种用途，也是解决器材品种少的好办法，这样不仅解决了器材少的问题，还可调动学生积极参与开发创编游戏的兴趣。另外，可结合当时当地实际，利用废旧物自制简易器材，不仅可以起到添置器材的作用，还可以培养学生的动手操作能力和从小勤俭节约的习惯。

3. 构建督导、检查和工作评比制度

各级教育督导部门要将落实学生每天一小时体育活动工作，纳入对中小学校的综合督导内容及评估指标体系，加强督导检查。对地方和学校综合性的教育工作评价必须充分体现促进学生德、智、体、美等全面发展的要求，在对各级各类学校的不同层次的合格性评估、示范性评选和先进性奖励工作中，要纳入反映学生体质健康状况和学校体育工作水平的关键性指标。对不能保证体育课课时和学生体育活动时间，学生体质健康水平连续下降的地区和学校，不能评为示范学校和先进单位，其负责人年终考核不得评为优秀。

（七）社会支持"阳光体育运动"的协调机制

1. "阳光体育运动"长效机制的社会性

目前，新一代年轻人的体质将是一个国家综合竞争力的体现，因为它不仅关系着每个生命个体自身的和谐发展，更联系着国家民族的命运与前途。因此，"阳光体育运动"的长期开展需要家庭的全力支持和全社会共同关注。家庭要有正确的育子观和全社会要形成正确的教育观和人才观，尊重青少年生理特点和心理成长的规律，遵循教育规律，转变观念，真正认识到体育在增强体质、锻炼意志中无法替代的作用；全社会应形成共识，青少年学生的身体素质是一个城市发展水平的标志，是一个社会文明进步的体现，更是一个国家民族精神的重要特征。全社会应聚集合力，通过开放设施场馆、弘扬体育精神、提高锻炼意识、营造健康氛围，还孩子们以童年和青春的快乐，实现人的全面发展。

2. 发挥政府领导的主导性作用

实施"阳光体育运动"是一项社会综合工程，政府、学校、教师、社会等方方面面都要努力，但关键在党和政府，在党和政府领导的信念和信心。作为领导者的党和政府要对阳光体育运动进行引领和指导，必须从全面落实科学发展观对教育和人才培养质量的要求出发，深刻理解实施"阳光体育运动"在推进社会协调发展、建设和谐社会和创新型国家战略中的重要意义，坚定不移，一以贯之，一抓到底。只有党和政府坚定信念，充满信心，阳光体育运动才能落到实处。只有党和政府作为主体，才能

综合社会各方面力量，才会为落实"阳光体育运动"长效机制创造必要条件。

3. 加强学校教育的基础性作用

在我国，每个适龄儿童都要接受 9～15 年的教育，而学生接受教育的时间大部分都是在学校，体育又是其中一门时间跨度最长的课程。因此，学校要端正"以学生发展为本"的思想，严格执行"每天一小时体育活动"的规定，形成长效机制，开齐开足体育课，保证学生的课外活动时间，培养学生健身意识，训练学生健身技能，使学生养成终身锻炼习惯；同时，学校体育又是连接家庭体育和社区体育的中间环节，是终身体育的基础。因此，学校要全面实施素质教育，充分发挥强身健体、陶冶情操、启迪智慧的功能，并积极推进学校体育与家庭体育、社区体育的融合，为健康、科学、文明的现代城市生活方式的形成作出积极贡献。

4. 发挥家庭教育的重要性作用

家庭教育是培养人的重要环节，是学生成长中必不可少的，家长在关心孩子身体健康、关注智育发展的同时注重促进孩子身心的和谐发展，正确地对孩子进行疏导，帮助解决成长过程中出现的各种问题，正确地看待中考、高考等选拔性考试，不可对孩子施加太大的压力，不可因为升学压力而限制孩子的活动时间，应使孩子在增长知识、培养品德的同时，锻炼和发展身体的各项素质和能力，促进孩子健康成长、和谐发展。家庭要确立"给孩子健康的生活方式"的理念。家庭在青少年生活中是第一位，也是最重要的社会环境，家庭结构、文化修养、活动形式，对青少年会产生最直接、最深刻的影响。家庭对学生体育运动的重视与参与程度直接关系到学生参加体育运动的态度与行为。

目前，家长已成为子女参加体育运动的最重要组织者。家长通过对孩子参加体育运动表现出来的极大兴趣，及亲临现场给孩子以必要鼓励，将会促进良好亲子关系的建立。因此，只有每个家庭都认识到强身健体的重要意义，确立起"给孩子一个健康的生活方式"的理念。

此外，还要完善学校体育的专项督导制度、社会体育工作制度以及教育、体育、卫生、共青团，促进"阳光体育运动"的联席会议制度等，如成立以校长牵头的体育学习督导组进行督查，建立社会体育工作指导员制度，加强健康管理师培训制度等，以此进一步加强与完善青少年"阳光体育运动"的保障措施，发展职能部门的优势和措施，统筹协调解决"阳光体育运动"中的重要问题。

以上各机制的问题是内在紧密联系、相互配合的，从而构成了一个结构合理、功能齐全、关系协调、全面系统的长效机制措施。

第二节　阳光体育运动对体育教学改革的影响措施

一、积极处理好继承与改革的关系

继承与改革关系的问题涉及对中华人民共和国成立以来体育发展的客观分析和评价，牵涉到对产生于不同文化和政治制度下的其他教育思想的认识等。我们应客观分析和评价我国学校体育的历程，我国学校体育发生的历史性变化，取得的显著成就；不应全盘否定不同的历史时期存有的不同教育观念和教育模式；不应对外来思想方法的引进缺乏分析和批判，急于照搬照用；在肯定过去体育教学成绩的同时，也不应过分强调继承，沉迷于过去的成绩而不思改革和发展。

处理好继承与改革的关系关系到现代学校体育体系的构建，直接影响到阳光体育的健康与可持续发展，从中华人民共和国成立到现在我国学校体育取得了巨大进步与成就，积累了宝贵的经验，21世纪的中国学校体育应在此基础上取其精华，进行符合当代大学生、符合时代、符合国际潮流的教学改革。

二、体育教学改革要从我国国情出发

一个国家的教育思想都是依据自己国家国情而定，因此，我们在了解与理解国外先进教育理念时，要全面考虑我国现行体育状况。切忌"拿来主义"，不加思考就肯定发达国家的教学模式与方法，更不能全盘否定发达国家的教学思想，觉得我国的教学方法是最好的。我们应当认识到以下几个方面：

（1）认清学校体育要符合国家和社会的需要。

（2）对待发达国家的先进教学模式和教学方法应持学习的态度，积极借鉴不能机

械照搬。

（3）根据我国教学发展不平衡这个现实情况，有关部门应因学校情况不同而进行相应的教学改革。例如发达国家经济发达，人民富裕，全民参与体育活动积极性高，身体素质好。

体育活动在人们小时候就具有良好基础，大多学校实行俱乐部制教学模式，学生在学校不用强制性措施就积极参与体育活动，而我国群众体育还处在较低水平，学校还是要实施体育课这种强制性的教学模式。不考虑这一国情，学校体育工作就难以从根本上落实或有效进行改革。

三、增强体育教学资源的投入与利用

良好的体育教学资源是保障体育教学开展的关键，也是阳光体育顺利开展的基础。一方面学校应积极加强体育教师的培训与进修，鼓励他们与时俱进，用先进的教学理念、教学方法开展教学以适应现代教育的需要。同时，学校应积极利用现有的体育设施产生最大的使用效果。另一方面，相关部门应实施有效政策，对各类学校加大体育经费投入或者进行相应体育设施建设。面对新时期的社会发展，缓和学生与学校在师资、体育设施、教材等的矛盾，各级教育部门应任重道远，从培养新时期人才这个战略高度来展望。

第三节　乡村学校阳光体育运动的实施对策

一、转变观念，扩大宣传

首先，学校领导、学生家长及学生都需要转变观念，提高认识。学校领导要转变陈旧的应试教育观念，充分认识到开展阳光体育运动的重要性，逐步实现由应试教育观向素质教育观的转变；学生家长要树立正确的成才观和教育观，要以孩子健康成才的角度为切入点，不仅要从言谈上支持和鼓励孩子参加阳光体育运动，更要身体力行，为孩子参加体育锻炼提供良好的条件，陪同孩子一起积极参与到阳光体育运动中来；学生个人也要树立科学的健康观和发展观，意识到阳光体育运动对促进个人身心健康和增强身体素质的重要价值，摒弃不良的体育锻炼动机，养成良好的体育锻炼习惯。

其次，学校要充分利用广播、报刊、横幅、橱窗等多种宣传途径来扩大宣传力度，使"健康第一，每天锻炼一小时，健康工作五十年，快乐生活一辈子"等口号深入人心，开展形式多样的体育文化活动，将学生们适当的从繁重的课业中解放出来，吸引广大学子积极加入体育锻炼。

最后，遵循"立足校园，面向社会"的原则，通过学生群体的积极参与来提高广大学生家长乃至社会群众对运动与健康的思想认识，掀起全社会共同参与阳光体育运动的热潮。

二、健全组织，完善制度

第一，各级教育主管部门要成立分管领导挂帅的督导检查组，加强对农村学校开展阳光体育运动的全程监督和检查，将阳光体育运动工作纳入到对各学校的综合督导内容及评估指标体系中，在对各级学校的合格性评估、示范性评选和先进性奖励工作中，要纳入反映学生体质健康状况和学校体育工作水平的关键性指标，要把开展阳光体育运动取得的实效作为农村学校综合考评和体育教师评优晋职的重要依据，最终建立一系列行之有效的评价、反馈、公告制度，使阳光体育运动在农村地区的持续发展形成长效机制。

第二，各学校要成立校长牵头的评价考核小组，建立以体育能力和体质健康为双要素的学生体育成绩评价体系，突出体育活动性课程对学生主体培养的作用，明确学生参与课外体育锻炼和竞赛等活动的具体要求，在体育成绩中增加学生参与行为的分值权重，把学生达标的状况计入学生的体育成绩中并参与学生在学校的综合评定，成为学生评奖评优的重要依据。

三、深化改革，强化师资

第一，深化教育改革。目前，我国教育制度正处在应试教育向素质教育转轨阶段，需要加快改变残存的应试教育观念，改革选拔人才的考试制度，让社会建立起对学校教育的理性评价。政府部门也要摒弃应试教育下的管理模式，否定片面追求升学率的做法，彻底减轻学生的学业负担，让素质教育落到实处。

第二，强化师资力量。具体表现在：①结合相关文件，在各级教育部门核定的教师总编制数内，按照教学计划中体育课授课时数所占的比例和开展课外体育活动的需要配足体育教师，均衡教师的工作量；②加强体育教师的培训工作，建立健全体育教师培训、考核制度，努力提高体育教师的学历层次和业务水平；③加强农村体育教师的师德教育，培养他们爱岗敬业、艰苦奋斗、乐于奉献的精神，努力建设一支师德高尚、业务精湛，能够适应农村素质教育要求的体育教师队伍。

四、加大投入，改善设施

第一，加大农村学校体育经费投入。各级政府财政预算应加大对乡村学校体育经费的投入，严格按照相关文件要求，从公用经费中提取和安排乡村学校体育工作的专项经费；各学校也要加大对学校体育经费的投入力度，学校体育专项经费要纳入年度预算予以保障，并且做到随着教育经费的增长同步增长，除此之外，还要通过积极向社会募集、捐资办学等多渠道筹集资金。

第二，改善农村学校体育设施。各级政府要统筹协调、因地制宜，把"农民体育健身工程"与农村学校体育设施建设结合起来，改善农村学校体育设施条件；各级学校也要从实际出发，努力挖掘学校潜力，利用现有条件，因地制宜，就地取材，不浪费一块场地，不闲置一个器械，做到积极规划、高效使用，改善体育活动设施。

五、创新模式，丰富内容

第一，创新体育课程教学模式。在我国教育制度由应试教育向素质教育转变的大形势下，体育教师应该摒弃以应试达标为目的的陈旧教学模式，以新思路、新方法、新模式创新地开展农村体育课程教学。例如，在课程教学中不要拘泥于教师统一组织，做到统一与自由相结合，集体与分散相互补，充分发挥学生的主观能动性参与课程学习。另外，还可以采用分年龄、分场地、分时间和分项目等形式开展体育课程教学。

第二，丰富课外活动项目内容。在课外活动中，要根据农村学生的身心发展规律和兴趣爱好来设置体育运动项目内容，满足其参与阳光体育运动项目选择的需要。同时，应该积极发掘农村地区民族传统健身体育项目和民间娱乐健身运动，让趣味性、实用性较强的民族特色体育项目较好地融入农村学生的课外活动中，如腰鼓、扭秧歌等。最终通过创新的教学模式和丰富的活动内容，提高学生体育锻炼的兴趣，增强学生体质健康水平。

第四章

乡村体育课程教学与素质教育研究

第一节　体育素质教育的实施

一、体育素质教育的隐性课程开发

体育隐性课程是以间接、内隐的方式呈现的体育课程，它主张利用环境中的各种体育教育因素对学生施以潜在影响，使学生获得潜移默化的熏陶与感染。

（一）体育隐性课程的特征

与体育显性课程相比，体育隐性课程有许多独特之处，其中较为重要的特征有以下内容：

（1）教育经验的广泛性与侧重性。体育隐性课程传递给学生的教育性经验是广泛的，但以非理性文化（非智力因素）、非学术性知识为主（而体育显性课程则以理性文化、学术性知识为主）。

（2）教育对象的全体性。一般来说，体育隐性课程对全体受教育者均产生影响。

（3）教育手段的非强制性。对于心理正常的个体来说，体育隐性课程对其不会产生强制性影响。

（4）教育方式的隐蔽性。体育隐性课程对学生的影响是潜在的、隐蔽的、不易察

觉的。

（5）教育内容的弥散性。体育隐性课程的载体无时不有、无处不在。

（6）教育效果的持久性。在相对稳定的体育隐性课程的长期熏陶下，个体往往会形成某些稳定的心理品质。

（7）教育效果的个体差异性。相同的体育隐性课程对不同的个体会产生不同的影响。

（8）教育心理的二重性。体育隐性课程既可以是无意识的，也可以是有意识的。对受教育者的影响主要表现为学生无意识的心理活动，而施教者对体育隐性课程的研究与开发则主要表现为有意识的心理活动。

（9）教育结果的两面性。体育隐性课程既可以产生积极的影响（正效应），也可以产生消极的影响（负效应）。

（二）体育隐性课程的内容

体育隐性课程内容是指向学生传递体育隐性课程经验的载体。体育隐性课程的内容非常之广泛，概括起来，主要有以下方面：

（1）体育物质环境。

（2）体育运动（包括各种正规的或非正规的身体练习或活动）。

（3）体育传媒（包括各种书籍、杂志、报纸、电影、电视、网络、VCD 等）。

（4）体育舆论、风气、气氛、人际关系。

（5）体育文化生活（如体育节、运动会等）。

（6）体育管理制度。

（7）体育教师的人格、仪态、领导方式、教学行为等。

在这些内容中，有许多方面也同时是体育显性课程的载体，因为它们同样可以对学生进行直接、外显的影响，使学生获得显性的教育性经验。然而，它们所含显性课程经验的丰富程度是不尽相同的；有的载体虽然含有显性经验，但在特定的时空里，却没有意义。

（三）体育隐性课程的理论基础

1. 体育隐性课程体现了素质教育的本质内涵

素质教育是在全面提高国民素质的轨道上，面向全体学生，全面提高学生综合素质，使学生积极、主动发展的教育。因此，素质教育有三个基本特征，即全体性、全面性、主动性，它们概括地表达了素质教育的本质内涵。

体育隐性课程能较好地体现素质教育的本质内涵，具体表现在以下三个方面：

（1）体育隐性课程能较好地体现素质教育的全体性特征。体育隐性课程是通过环境对人产生影响的，对于绝大部分环境来说，它不可能单独地为某个特殊群体或个体服务，它一经实施就会面对每个个体，使每个学生在体育环境中公平地受到感染，得到教育。

（2）体育隐性课程能较好地体现素质教育的全面性特征。体育隐性课程涉及学校体育物质、精神环境的方方面面，它对学生的影响虽然是有主次的，但也是相对全面的。这种影响不仅涉及认知，而且更主要的是它涉及情感、意志、兴趣、习惯、观念态度等方面；不仅与知识技能有关，而且更主要地与身体（生理）、心理、适应、道德等有关。

（3）体育隐性课程能较好地体现素质教育的主动性特征。体育隐性课程没有高不可攀的教学目标，没有机械的教学模式，没有"填鸭式"的教学方法，没有尊严的师生关系，没有强制的纪律约束，它能使学生充分地得到一种"自由"、一种"解脱"，在有意无意中得到感化、受到教育，因而这种教育不带任何强制性。

此外，体育隐性课程是以较隐蔽的方式对学生施以影响的，在这种情形下，学生更多的是在不知不觉中"自觉自愿"地接受教育的，与其说这是"被动"地接受经验，还不如说是主动地获得经验。

2. 体育隐性课程可弥补传统体育课程的不足

我国传统体育课程只重显性课程，而忽视了隐性课程，给体育教育带来了一定的损失。体育素质教育从某种意义上说，就是要设法弥补这种损失。充分重视体育隐性课程，它能弥补传统体育课程的诸多不足与缺陷。

传统体育课程重视的显性课程，而体育显性课程又具有明显的不足，因此，传统体育课程的上述缺失实际上是体育显性课程缺陷的体现。所以，以体育隐性课程来弥补传统体育课程的缺失，实质上是通过弥补体育显性课程的缺陷而得以实现的。

（1）体育隐性课程可弥补体育显性课程时空的缺陷。从理论上讲，体育显性课程的存在也是相当广泛的，但就实际而言，有意义的体育显性课程主要存在于体育课堂。而体育隐性课程则不同，它不仅仅存在于体育课堂，而且广泛地存在于学校物质与精神文化环境之中。可以说，体育隐性课程无时不在、无处不有，它时时处处对受教育者产生（潜在）影响，使其受到教育，弥补了体育显性课程时空的缺陷。因此，在重视体育显性课程的基础上，充分重视体育隐性课程，就能使学生做到"无一时而不学，无一处而不学，无一事而不学"。

（2）体育隐性课程可弥补体育显性课程"经验"的缺陷。从课程经验的类别来看，体育显性课程的功能主要在于体育理性文化的传递，对非理性文化的培养则不为其所长。而体育隐性课程在充分发展学生非理性文化方面则有独到的功效，从而弥补了体育显性课程的这一缺陷。

此外，体育隐性课程还能弥补体育显性课程经验"量"不足的缺陷。人类的心理活动是有意识与无意识的统一。人类认识世界既离不开有意识的心理活动，也离不开无意识的心理活动。当今世界包含了异常庞大、极其复杂的信息，这就决定了人们认识世界的形式不能只是单一的，必须充分利用有意识与无意识二种通道最大限度地获取信息。虽然体育显性课程与隐性课程经验的获得均可以是有意识的或无意识的，但是体育显性课程经验主要是有意识获得的，而体育隐性课程经验的获得则主要是无意识获得的。因此，各级各类学校不能仅仅依靠有目的、有计划的正规课程中的体育显性课程教育形式，还必须重视学生在潜移默化中所受到的教育，充分挖掘并设计隐性课程，使之潜在地影响、教育学生，切实加强学生无意识的心理活动，从而增加信息的获取量。

（3）体育隐性课程可弥补体育显性课程效果的缺陷。

第一，从持久性与深刻性来说，体育隐性课程对学生的教育影响效果往往比体育显性课程好。例如，通过体育学科性课程中的显性课程传递给学生的知识、技能等并没有留下什么印象。体育隐性课程则不同，它对学生的影响往往触及思想（心灵）深处，能使学生留下深刻的印象与记忆，有时甚至终生难忘，如学生在学校里被培养出来的体育兴趣、爱好、习惯等。

第二，体育隐性课程对提高显性课程学习效果具有促进作用，这是因为体育隐性课程能有效地调节与显性（课程）学习效果相关联的动机、兴趣、情感等心理活动。例如，有趣的场地器材布置、完美的教学示范、幽默的语言表达、丰富的形体语言、恰到好处的学生"表演"、良好的课堂气氛等均能对学生产生（潜在）影响，对引发（显性）学习动机、激发（显性）学习兴趣、调动（显性）学习热情等具有良好的功效，从而达到提高体育显性课程学习效果的目的。

（4）体育隐性课程可弥补体育显性课程对学生个性发展的缺陷。体育显性课程对学生的影响往往是：是什么，就是什么。这是因为个体在学习体育知识技能时，有统一的要领、要求，不同的个体均需向此标准靠近，越是靠近标准，学习成绩就越好，因此体育显性课程具有趋同性。而体育隐性课程则不同，它对学生的影响则表现出求异性。相同的体育隐性课程对不同的个体来说，可起作用，也可不起作用，即使均起作用，不同的个体也会根据自己的兴趣、爱好、理解对体育隐性课程的影响按自己独特的内部摄取机制进行选择或加工，从而获得自我需要的经验，因此表现出个体差异性。这种差异性能使学生获得鲜明的个性特征，有利于学生个性的发展。

（5）体育隐性课程可弥补体育显性课程学习压力的缺陷。体育显性课程常常要求学生通过意志努力获得相应的知识、技能，这种意志努力超过了一定的限度，就会产生过度"紧张"感，这会降低学习的效率，对学习无疑是不利的。体育隐性课程则不同，它常常利用无意识的心理活动机制来使学生摄取有关的教育性经验，这种学习一般不会使学生产生紧张心理，几乎是一种自然、轻松、愉悦的（潜在）学习。因此，我们应该把体育显性课程与体育隐性课程有机整合起来，使有意识的心理活动与无意识的心理活动得到充分的协调与统一，从而有效地调节体育学习的紧张度，使其处于一个适宜的水平。

3. 体育素质教育中的隐性课程需要进行控制、设计与开发

控制就是指根据系统的内部和外部条件进行调节，以克服系统的不确定性和缺陷，使系统达到某种动态平衡状态，其本质就是信息的接受、分析、处理的顺利进行。

体育隐性课程的教育设计与开发从某种意义上讲就是有目的、有计划地对与体育隐性课程目标相关的信息进行控制的过程。通过设计与开发，使体育隐性课程系统的不确定性或缺陷得以消除，从而使体育隐性课程系统达到某种动态平衡。

学校生活为学生提供了广泛多样的体育信息，这些信息对学生均能产生不同程度的（潜在）影响。这些影响既可能是积极的，但也有可能是消极的。因此，从控制论的角度来看，为了使这种（潜在）影响系统达到某种动态平衡，就必须对其进行控制，对各种体育信息（载体）进行选择、加工，以克服体育隐性课程系统的不确定性和缺陷，从而使其得以优化。

体育隐性课程对全面推进素质教育具有重要的作用与意义，因此应对它加以控制，使其得到充分、合理的设计与开发。

4. 开发体育隐性课程对全面推进体育素质教育具有重要意义

过去，我国的体育教育推崇的是精英主义的应试教育，强调的是知识技能等理性文化的传授，因而重视的是体育显性课程的片面规划与开发。而体育素质教育所推崇的是"育人为本"，强调的是学生体育综合素质（包括理性文化与非理性文化）的全面提高，因而重视的是体育隐性课程与显性课程的整体开发。

当今，我国的体育教育正处在一个特殊的历史时期，即由应试教育向素质教育过渡的转型期，或称之为体育素质教育的初级阶段。在这个时期，我们不仅要重视体育理性文化，而且要更加重视体育非理性文化，强调学生的情意发展，只有这样才能实现体育教育的历史性转变。由于体育显性课程的功能主要在于体育理性文化的传递，而体育隐性课程的功能主要在于体育非理性文化的传递，因此，当前我们应该特别关注体育隐性课程的研究与开发，这对全面推进体育素质教育具有重大的现实意义。

综上所述，体育隐性课程不仅能体现素质教育的本质内涵，而且能弥补传统体育课程的诸多不足，为其在体育素质教育中发挥作用提供了可能性。同时，从体育隐性课程功能的不确定性及其现实意义来看，在体育素质教育中重视隐性课程的开发也是非常必要的。因此，体育素质教育中隐性课程的开发不仅是必要的，而且是可行的。

（四）体育隐性课程的开发

体育隐性课程能否有效地发挥其固有的功能，绝不是随意或自发的，而是取决于我们是否对它进行科学的教育设计与开发。体育隐性课程的设计与开发实际上就是根据一定的原理及要求对体育隐性课程的组成要素进行合理的安排与控制，引导它充分发挥其积极作用，防止消极影响，从而为实现预期的教育目的服务。

1. 体育隐性课程开发的模式

体育隐性课程的开发模式是体育隐性课程开发过程中所必须坚持的基本原理。体育隐性课程开发的模式是"过程——目标偏向融合模式"。

（1）典型的课程开发模式。课程研制的主要范式有二类，即目标模式和过程模式。与之相对应，课程（内容）的开发也表现为这二种典型的范式。

1）目标模式。课程研制的目标模式是以目标为课程研制的基础和核心，围绕课程目标的确定及其实现、评价而进行课程研制的模式。目标模式也称"泰勒模式"。泰勒模式有四个基本问题：①学校应该试图达到什么样的教育目标；②提供什么教育经验最有可能达到这些目标；③怎样有效地组织这些教育经验；④我们如何确定这些目标正在得到实现。这四个问题中归纳出的"目标""内容""组织""评价"称为课程研制的"永恒的分析范畴"。

课程研究的目标模式是以目标为统领的，课程的其他环节均应以此为依据，课程内容的确定当然也不例外，因此，课程内容开发的目标模式是：目标—内容，亦即根据目标确定内容。

课程内容开发的目标模式有其优点，也有其缺点。优点是人们在选择教育内容时，目的具体、明确，易于把握与操作。缺点是过于理性化，甚至显得机械、死板。此外，这种模式还有使内容服务于既定目标的"工具化"倾向，这是为了满足目标而使用的损害内容的方法，这既会造成被选择内容的价值不能完全挖掘出来，也会造成某些具有一定教育价值的课程内容的流失。

2）过程模式。课程研究的任务是选择课程内容，建立关于学科知识的基本程序、概念与标准，并提供实施的"过程原则"。

课程研制的过程模式对活动内容选择的（总体）标准是活动内容本身是否"含有内在价值"，也就是说内容的确定依据的是活动内容的内在价值，而不需要依赖预先设定的目标。因此，课程内容开发的过程模式是，课程要素的内在价值课程内容，即依据课程要素本身的内在价值确定课程内容。

与目标模式相比，课程（内容）开发的过程模式则更灵活，更能有效地选择那些含有丰富教育价值的活动内容，同时也更易充分挖掘课程内容的内在价值。此外，从过程模式内容选择的价值判断标准来看，课程开发的过程模式还有许多更为突出的优点。

课程内容选择的鉴别标准共有以下12条：

第一，在所有其他条件相同的情况下，如果一项活动允许儿童在活动过程中作出自己的选择，并对选择带来的结果作出反思，则这项活动比其他活动更有价值。

第二，在所有其他条件相同的情况下，如果一项活动在学习情境中允许学生充当主动的角色而不是被动的角色，则这项活动比其他活动更有价值。

第三，在所有其他条件相同的情况下，如果一项活动要求学生探究各种观念、探究智力过程的应用、探究当前的个人问题或社会问题，则这项活动比其他活动更有价值。

第四，在所有其他条件相同的情况下，如果一项活动使学生涉及实物教具，即真实的物体、材料与人工制品，则这项活动比其他活动更有价值。

第五，在所有其他条件相同的情况下，如果一项活动能够由处于不同能力水平的儿童成功完成，则这项活动比其他活动更有价值。

第六，在所有其他条件相同的情况下，如果一项活动要求学生在一个新的背景下审查一种观念、一项智力活动的应用，或一个以前研究过的现存问题，则这项活动比其他活动更有价值。

第七，在所有其他条件相同的情况下，如果一项活动要求学生审查一些题目或问题，而这些题目或问题是我们社会中人们一般不会去审查的，是典型地被国家的大众传播媒介所忽略的，则这项活动比其他活动更有价值。

第八，在所有其他条件相同的情况下，如果一项活动使儿童与教师共同参与"冒险"（不是冒生命或肢体之险，而是冒成功或失败之险），则这项活动比其他活动更有价值。

第九，在所有其他条件相同的情况下，如果一项活动要求学生重温及完善他们已经开始的尝试，则这项活动比其他活动更有价值。

第十，在所有其他条件相同的情况下，如果一项活动使学生应用与掌握有意义的规则、标准及准则，则这项活动比其他活动更有价值。

第十一，在所有其他条件相同的情况下，如果一项活动能给学生提供一个与别人分享制定计划、执行计划及活动结果的机会，则这项活动比其他活动更有价值。

第十二，在所有其他条件相同的情况下，如果一项活动与学生所表达的目的密切相关，则这项活动比其他活动更有价值。

从这些标准我们可以看出，课程内容选择的过程模式是通过教育活动内容内在价值的确定，鼓励学生探索具有教育价值的领域，进行自由自主的活动，它把学生视为积极的活动者，其教育的功能在于开发学生的潜能、培养学生的创造力、发展学生的个性，它冲破了目标模式的樊篱，具有较强的人文主义色彩，这显然是符合时代潮流的，与当前素质教育的基本理念相吻合。

（2）"过程——目标偏向融合模式"的构建。课程内容开发的目标模式与过程模式均有其利弊。因此，我们既不能照抄照搬，也不能全盘否定。正确的做法是使二者有机地融合起来，吸取其优点，克服其不足。鉴于过程模式的突出优点，在构建新模式时，应从过程模式出发，对于过程模式难以解决的问题，则再通过目标模式加以弥补。

在具体开发时，先从课程要素的内在价值出发，根据其内在价值的大小，选择内在价值丰富的课程要素作为课程内容［1］。课程内容［1］中的各具体内容均有其自身的价值，据此可归纳出这些内容可能实现的目标［1］（在这些目标中，有一部分可能超出既定的目标），将此对照既定的课程目标可得出未涉及或有欠缺的课程目标［2］。根据课程目标［2］，可选择出相应的课程内容［2］。课程内容［1］+课程内容［2］=课程（总）内容。同样，课程目标［1］+课程目标［2］=课程（总）目标。

课程开发的"过程——目标偏向融合模式"统合了目标模式和过程模式二种课程内容设计思路，它集二种模式之长、弃二种模式之弊，使自身的整体功能得以强化，因而它更为合理、更为有效。

2. 体育隐性课程开发的原则

体育隐性课程的开发原则是在开发体育隐性课程时所必须遵循的基本要求。它主要包括选择性原则、一体化原则、重点突破原则、因地制宜原则、科学人文性原则等，如图 4-1 所示：

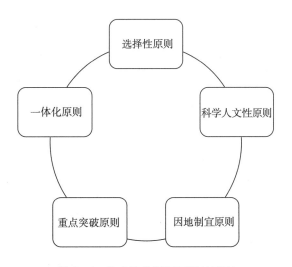

图 4-1 体育隐性课程开发的原则

（1）选择性原则。体育隐性课程既可以起积极作用，也可产生消极作用，同时积极的隐性课程其意义也有大小之分。因此，我们在开发体育隐性课程时，应按照真善美相统一的要求对各种体育文化、经验、信息等进行审核、加工、处理，控制、转化消极因素，力求避免负面影响；同时提升积极因素，扩大正面影响，实现体育隐性课程经验的优化，使其积极地为学生的身心健康发展服务。

（2）一体化原则。

首先，一体化是指学校、家庭、社会的一体化。虽然学校教育起主导作用，但它并不是孤立的，而是与社会、家庭教育密切关联的，只有将三者紧密地结合在一起，才能产生巨大的教育合力。因此，在开发体育隐性课程时，应坚持"三位一体"。

其次，一体化是指体育显性课程、隐性课程的一体化。二者在教育方式、经验等方面虽有较大差异，但在教育目的上应是一致的，否则就会影响教育的方向与效果。因此，开发体育显性课程时，应注意其潜在影响；在开发体育隐性课程时，应注意其显性影响，力求使二者协调统一，增加教育合力。

最后，一体化是指体育隐性课程载体的一体化。体育隐性课程的载体是复杂多样的，既有物质的，也有精神的；既有社会的，也有心理的；既有有形的，也有无形的。我们只有对各种载体进行全面、合理的组织与安排，才能发挥最佳效能。因此，在开发体育隐性课程时，设计者应周详计划，统筹安排各种体育隐性课程要素，不能顾此失彼，要树立全局意识。

（3）重点突破原则。从方法论上来讲，全面开发体育隐性课程，就需要有重点地进行突破，不能平均用力，只有这样才能受到良好的效果。从具体情况来看，体育隐性课程的开发往往会因人、因事、因时、因地而作出相应的调整，以适应当前特定的需要。因此，为了有效地实现这些特定的目标，我们就要有重点地选择相应的体育隐性课程要素，形成某种特定的情境氛围来影响学生，以达到预期的教育目的。

总之，体育隐性课程的开发应在认真分析的基础上，结合具体的实际情况，认真计划，周密安排，有重点地全面推进体育隐性课程的开发。

（4）因地制宜原则。体育隐性课程在不同学校的表现形态是不一样的，无论是体育物质文化环境，还是体育精神文化环境，都因学校的客观条件及传统特色的不同而不同。因此，我们在开发体育隐性课程时，应从本校（班）的实际情况出发，充分挖掘和利用自己已有的（优势）条件，搞好体育隐性课程建设。

此外，体育隐性课程的建设需要有一定的人力、物力、财力做保证。因此，我们在设计体育隐性课程时，不能脱离本校（班）的实际情况，应从本校（班）的具体情况出发，量力而行。

（5）科学人文性原则。科学人文主义是将科学主义与人文主义有机地融合起来而形成的一种新的哲学思潮。科学与人文是不能分离的，科学的发展必须以人文为指导，而人文的发展必须以科学为支撑，取其一而舍其二的做法均是片面的、有害的。因此，科学与人文必须整合起来，使其成为推动人类社会发展较为理想的世界观与方法论——科学人文主义。

因此，在体育隐性课程的开发过程中，不仅要从生理、心理、社会等方面的规律、规范、法规等出发，讲究科学性；而且要从学生的喜好、意愿、需求等出发，讲究人文性，从而使体育隐性课程的科学性与人文性切实地融合起来。

3. 体育隐性课程开发的构想

体育隐性课程的载体非常多，涉及体育课程教学的方方面面，具体涉及的内容有：体育课堂教学内容、课余体育活动（内容）、体育教师的人格、体育教师的仪态、体育教育管理方法、体育教育管理措施、体育课堂心理气氛、体育教学中的人际关系、体育课程教学风气、体育课程教学传媒、体育课程教学物质环境。这些方面是体育课程教学中较为常见的隐性课程载体，其中含有丰富的隐性课程经验，是体育隐性课程开发的典型途径。

（1）体育课堂教学内容。体育课堂教学活动中的课程内容不仅包括教学内容，而且还应包括教学方法、组织、评价及课堂心理气氛、人际关系等，这是因为二者均能对学生产生教育性影响，使学生获得教育性经验。这里，我们讨论的是体育课堂教学活动中的教学内容。

体育课堂教学内容是使学生获得体育理性文化的最重要、最有效载体。不仅如此，它还能使学生获得不同程度的非理性文化（如隐含于课堂教学内容中的价值取向、态度、信念、理想、情感等）。前者主要属于显性课程的范畴；后者则多在隐性课程之列，称其为"连带学习"或"附属学习"。

我们在选择体育课堂教学内容时，不仅要重视对学生的直接影响，而且要考虑对学生的间接影响，在注意避免（潜在）负面效应产生的同时，力求使课程内容更富有价值与意义，提高课堂教学内容内在的综合价值；同时，还应在具体教学过程中，注意挖掘教学内容的潜在价值，从而最大限度地促成体育教育教学目标的达成。

（2）课余体育活动（内容）。学校课余体育活动的内容较多，其中常见的体育活动主要包括课余锻炼、课余竞赛、课余训练、运动会、体育节等。除此之外，体育活动还包括临时安排的随机活动，如不定期邀请校外球队来校比赛，不定期邀请体育专家来校讲座，临时组织观看具有重要意义的国际赛事等。

课余体育活动的主要功能对于绝大多数的同学来说不在于获得显性经验（如增加

知识、提高技能），而在于通过活动使学生获得若干宝贵的潜在教育性经验，如陶冶情操、调节心理、塑造个性、发展（创造、实践）能力、培养集体（社会）意识等。因此，课余体育活动是体育隐性课程开发的重要途径。

开展课余体育活动应做到以下四个方面：

1）成立专门的组织机构（如体育课外活动领导小组）。呼吁各级各类学校必须成立相应的领导组织机构，加强对课余体育活动的管理与引导，抓计划、抓落实、抓评估，防止放任自流。

2）从校情出发。根据学校的体育物质条件及师生状况等实际情况组织实施，不要生搬硬套，力求做到合情合理。

3）突出主体性。课余体育活动的主角应是学生，而教师只是服务者与指导者，是活动的配角。

4）强调自主性。活动的内容应主要由学生自我选定（选择的形式既可以是任选，也可以是限选）；活动的实施应以学生自我组织为主；活动的评价应有学生参与。

（3）体育教师的人格。人格是个体内在的、在行为上的倾向性，它表现为一个人在不断变化中的全体和综合，是具有动力一致性和连续性的持久的自我，是人在社会化过程中形成的给予人特色的身心组织。人格的核心、是人的尊严和德行。

在教育中，一切都应以教育者的人格为依据，因而教育的力量只能从人的人格这个活的源泉流露出来。任何规章制度，任何人为的机关，无论设想得如何巧妙，都不能代替教育事业中教育者人格的作用。由此看来，体育教师自身的人格对学生的教育具有重要的（潜在）影响，它能产生巨大的感染力和辐射力。然而体育教师人格水平的高低对学生的影响是不同的。人格水平高的体育教师通常能成为学生模仿、学习的榜样，博得学生的尊敬和爱戴，其言行举止会产生良好的教育效果。人格水平低下的体育教师，他们对无辨别能力的儿童来说，学生人格的形成定会受到一定的不良影响。

提升体育教师的人格以从三个方面进行：首先，树立榜样。榜样的力量是无穷的，通过榜样能使体育教师明确目标、找出差距，从而激励他们加强自身修养。榜样的树立应考虑到典型性、时代性与可比性；其次，加强教育。加强对体育教师的人格教育，特别是师德教育。通过教育，增进道德认知，激发道德情感，磨炼道德意志，最终达到养成道德行为之目的；最后，强化管理。要把人格素质列为对体育教师考评的重要内容，同时引入人才流动、竞争机制，淘汰与引进并举，从而优化体育教师队伍。

（4）体育教师的仪态。仪表是指人的仪表与体态。一个人的仪态是美好心灵的外露，是内在优秀品质的外在表现。

体育教师仪态蕴含着道德品行、文化修养、审美能力及身体素养等，得体的仪态不仅能使学生在这些方面得到良好的潜移默化的影响；而且能"间接"地调动学生的学习热情与积极性，提高教师在学生中的威信。

在对教师的仪态进行设计时，应考虑以下五方面因素：

1）精神饱满。这里所说的精神指的是精气神。体育教师只有精神抖擞、热情饱满地投身于体育课堂，才能使学生受到良好的感染，从而使他们以高昂的情绪积极地参与活动。

2）举止稳重。在体育教学活动中，教师的举动不可轻浮，说笑不可放纵，体语不可做作，作风不可散漫，行为不可粗俗。要以端庄、稳重、大方的举止，给学生以严肃、信赖和亲切的威慑力，引导学生向健康的方向发展。

3）着装得体。首先，体育教师的着装应有利于动作示范；其次，应整齐、清洁、美观大方；最后，根据自己的特点和喜好，选择适宜的着装，充分张扬个性。

4）修饰得当。这里的修饰主要指的是头部和脸部的修理或装饰。总的原则是大方、得体、美观。女教师，特别是教少年儿童的女教师，可根据自己的特点和美学原理化淡妆。

5）教态亲切。教师亲切和蔼的教学态度最易使学生受到感染，它是改良师生关系、促进师生交往的重要因素。因此，我们不能小看这个问题，切忌粗鲁、无礼地对待学生。

（5）体育教育管理方法。这里所说的管理方法指的是体育教育者对待受教育者的管理方法。按照管理决策者的类型，可以把体育教育管理方法分为专制型管理、放任型管理、民主型管理。这三种管理方法对学生的影响是不同的。

在专制型的管理中，由于教育者总是以命令的方式、表情和言语对待学生，以批评和惩罚为主要手段来控制学生，不征求学生的意见，不考虑学生的需求，因此，造成教育气氛压抑，学习消极、被动，学生的顺从性强，缺乏独立性和自觉性，学生的人格受到严重的伤害。

在民主型的管理中，由于教师以鼓励为主，态度亲切和善，善于从学生的合理需要出发，通过协商来制定和完成教育教学任务，因此，学生的学习动力不完全是来自于外部，很大程度上是学生的自我需求引起的，他们学习的主动性、独立性和创造性都很强。

在放任型的管理中，由于教师的责任心不强，采用的是任其自由的"放羊式"教育教学模式，学生虽然感到自由、轻松，但由于既没有明确的教育教学目标与任务，也没有一定的组织管理措施，因此教育教学效果较差。

综上所述，我们在对体育教育管理方法进行设计时，反对运用专制型及放任型的管理，提倡使用民主型的管理方法。

（6）体育教育管理措施。这里所说的体育教育管理措施指的是体育教育中的奖励与惩罚。

奖励是指对作出某方面成绩的人给予荣誉或财物来鼓励的形式。一般意义而言，惩罚是指对犯有错误的人所进行的处置，是社会制约的强制方法。而我们所指的惩罚是指教育者对有不良行为的学生所进行的处置。

奖惩不仅能使学生获得直接影响，而且能有效地对学生的情绪、意志、需要、兴趣、动机、观念、性格、气质、人格等产生间接影响，这种潜在影响对学生的心理健康发展具有重要的意义。

因此，在对奖惩进行设计时，不仅要考虑其显性影响，而且要考虑到其隐性影响，力求使这种影响对学生的成长产生积极意义，尽量避免或减轻其消极意义与不良影响。在具体开发时应注意以下三点：

1）多奖励少惩罚。奖与惩对学习行为的效果被心理学家用"效果率"来表述，如果给人鼓励与快感，则"反应"就会有所加强，如果给人批评与苦恼，则反应就会减弱或消失。由此看来，在实际操作中，我们应该多奖励少惩罚。

这里值得特别一提的是在体育教育中，教师要特别谨慎使用惩罚。尽管惩罚具有一定的积极作用，但若过分使用，则会带来许多消极影响，如产生对立情绪，减少学习兴趣，障碍个性发展、导致心理障碍、降低教师威信等。

2）选择适当的奖惩形式

精神奖惩与物质奖惩：就学生而言，应以精神奖惩为主，对物质奖惩应谨慎适度。

外部奖惩与内部奖惩：外部奖惩是指教师或同伴对某个个体行为所作出的奖惩形式，它是相对于个体自身而言的；内部奖惩是指不受外界影响的，由于学习任务本身提供的因素所引起的自我满足或自我焦虑的奖惩形式。内部奖惩是一种最重要、最稳定的动力，因此，要注意培育学生的内部奖惩机制。

个人奖惩与集体奖惩：对于个别学生的奖惩，如果带有宣传模仿作用的话，应在集体的背景下进行。如果只对犯错误的学生进行警告性批评或激励性表扬，则单独进行更为有效。对于集体而言，奖励可增加这个集体的凝聚力和荣誉感，但是，经常对某一个集体采用整体性的惩罚，则容易涣散集体的凝聚力，或形成相应的小团体，因此，要谨慎使用集体惩罚。

3）采用积极的奖惩方法。

用肯定的（身体）语言替代否定的（身体）语言：运用肯定语言的原因不仅仅是因为否定的语言只能告诉学生不应该这么做，无法表达出应该怎么做，而肯定的语言在这两方面均能得到很好的表述；更主要的原因是肯定的语言更人性化，更能使学生得到良好的心理体验，具有积极的效应，而否定语言则会引起消极的反应。因此，我们在使用语言（包括身体语言）时，要注意用肯定的语言替代否定的语言。

接近学生：在课堂情景中，那些预期采用否定态度的学生倾向于站在远离教师的地方，要求赞扬的学生则倾向于站在靠近教师的地方。同理，教师走近学生（甚至拍拍肩或摸摸头），则可使学生感受到一种无声的赏识或赞扬。

对学生加以注意：即教师要通过对学生的视线接触来表达对学生的关注。当学生被教师关注时，他就会感受到其存在的价值与意义，就会得到良好的情绪体验；当某些学生得不到教师的注意或教师有意不理睬他时，他就会感到被遗忘，就会产生不愉快的心理体验。

（7）体育课堂心理气氛。课堂心理气氛是指在课堂情境作用下，在学生需要的基础上产生的情绪、情感状态。

课堂心理气氛作为学生的心理活动与学习的个性特征之间的中介环节，它通过调节学生课堂中的学习动机、情绪、行为等，进而对课堂学习效果产生影响。良好的课堂心理气氛不仅能使学生情绪高昂，智力活动呈上佳状态，而且使学生得到一种愉快、成功的体验，保持一种积极的学习心态；不良的课堂心理气氛会压抑学生学习的积极性，抑制智力活动，使学生产生倦怠、烦闷、冷漠之感，久而久之将失去学习兴趣，导致厌学。

积极而和谐的良好课堂心理气氛能否形成，受到许多因素的制约。因此，我们在构思体育课堂气氛时，要通盘考虑，并着重考虑以下五个方面：

1）教师的领导方式。教师的领导方式可依据不同的标准进行划分。根据教师接近集体的态度，可把教师的领导方式分为积极型的领导方式与消极型的领导方式。

积极型领导方式又叫支持性领导方式，在这种方式支配下，教师在接近学生集体时，对学生注重关心、支持、帮助，强调正面引导，使学生产生积极的情绪体验，有利于营造愉快的课堂心理气氛。

消极型的领导方式又叫批评式领导方式，在这种方式支配下，教师在接近学生集体时，对学生注意监督、检查，经常对学生进行批评、训斥、威胁、惩罚，使学生产生消极情绪，课堂心理气氛沉闷，甚至紧张。因此，提倡积极的领导方式，反对消极的领导方式。

2）人际关系。这里所说的人际关系包括师生关系和学生与学生的关系。建立民主、平等、密切、和谐的课堂人际关系，是形成良好课堂心理气氛的必要条件。

3）学生的主体性。课堂教学应该在教师的指导下，充分调动学生学习的积极性，发挥学生的主体作用，使学生在体育课堂上真正成为学习的主人，使学生成为知识技能等的主动探求者，而不是被动的接受者，只有这样，才能形成生动活泼、宽松热烈的课堂心理气氛。

4）教师的幽默感。教师的幽默感是教师影响课堂心理气氛的最有效因素，它通过教师的语言（包括身体语言）及行为在教学的各个环节上表现出来。教师良好的幽默感能调整学生的兴奋状态，能激发学生的学习热情，对活跃课堂心理气氛具有重要的意义。

5）课堂场景。体育实践课的教学离不开运动场地、器材的选择与布置。要力求使场地、器材的选择与布置富有新意与美感，从而促进体育课堂心理气氛的优化。

（8）体育教学中的人际关系。体育教学中的人际关系是指体育教学中各成员之间由交往而形成的心理上的关系，人际关系的密切程度可用心理距离来表示。体育教学中的人际关系主要包括师生关系和同学关系。

体育教学活动中的人际关系对班级每个成员及其所属群体和整个组织系统的存在和发展，对班级管理活动、教育教学活动等方面都具有极其重要的潜在影响，并最终影响到整个体育课程教学教育职能和组织效能的发挥。具体来说，体育教学中的人际关系对以下方面具有重要的影响：

1）影响团结与凝聚力。人际关系是团结和凝聚力的基础。人际关系的性质和状况往往反映出群体的士气、凝聚力及团结的好坏。一个教学班内部人与人之间的关系融洽、和谐，这个班级就一定是团结、士气高的团体；反之，人际关系紧张，矛盾重重，则会破坏班级内部的团结。

2）影响学习和工作效率。在体育教学中，人际关系的好坏会影响学习与工作的效率。班级内部人际关系良好，可以作为一种外部条件激发人们学习与工作的热情，促进人们积极性、主动性、创造性的发挥，从而大大提高工作效率；反之，人际关系不好，相互猜疑、冲突、拆台，学习或工作起来肯定不协调，就必然降低工作效率。

3）影响个体的成长与发展。体育教学中良好的人际关系能增加其成员交往的频率和深度，提高交往的水平。通过交往，能在知识、信息、思想、情感等方面及时相互交流、摄取，这有利于彼此的成长和发展。

4）影响心理健康。体育教学中的人际关系对师生的心理健康有重要的影响。这是因为人际关系总是与一定的情绪体验相联系，而且人际关系的情绪作用又具有比较直接、持续与强烈的特点，因此对人的心理健康有着巨大的影响。不协调的人际关系会引起人心理上的紧张和不安，导致心理问题，甚至引起某些心理疾病。

在师生关系建立过程中，应特别重视教师的作用，这是由教师的地位所决定的。在师生关系中，教师作为主导方面，其道德修养、情感、态度、行为作风起着决定性的作用。作为教师，应经常地、有意识地对自己的教育态度和行为进行检点，应该做到：

热爱、尊重学生。教师要把学生作为具有独立思想、独立人格的具体的人来对待，教师要把学生的行为和想法当作有意义的事情来关心。尊重学生的人格和感情，关心学生（集体）在学习、生活等方面的进步和成长。

讲究民主、平等的教育作风。教师既是学生的指导者，又是学生的朋友。教师要以平等、诚恳的态度对待学生，尊重他们在思想和行为中表现出来的独立性和创造性，开诚布公地和他们交谈各种问题，使学生感到教师既宽厚，又具有威慑力，从而使师生间保持适宜的心理距离。

善于进行"换位思考"。教师要克服"自我中心"的倾向，经常把自己放在学生的位置上去思考，设身处地地体验学生的思想感情，了解学生对某一问题、某种事情的看法和态度，根据学生的实际需求调整教学行为。

参与学生活动。教师经常参与学生活动，并能融入学生的活动之中，与学生"打成一片"，这有利于师生关系的建立与改善，使其向着和谐融洽的方向发展。

体育教学中良好生生关系的建立，关键在于：在体育教学过程中学生交往的各个环节上，处理好竞争与合作的关系。

合作是群体成员为追求共同目标，同心协力，相互支持和帮助的协作性行为。所以，它是一种非利害冲突的关系。竞争则是个人或群体各方力求胜过对方成绩的对抗性行为。在竞争中，各方都想方设法去争取同样而有限的目的，所以，它是一种有利害冲突的关系。

合作性课堂与传统的竞争性课堂相比，不仅不会降低学生的成绩，而且在大多数情况下反而大大地提高了学生的成绩，同时使学生更加相信自己的成功取决于自己的努力。课堂中的合作不仅对学生的学习产生积极的影响，而且对一些社会的、动机性的和态度性的非认知教育结果也有着积极的影响。实施合作学习的学生更加热爱学校，也更加喜爱他们的同学，他们比其他同学更具有与他人共同活动的意识和能力。合作学习的学生比其他同学更能理解他人的观念，善于设身处地地为他人着想，以他人的视角看待问题，希望自己的同学学好，并且感觉到同学们也是这样期待自己的。合作还能使学生产生比竞争更高的自尊水平。

由此可见，在一个理想的课堂里，所有的学生都应当学会如何与他人合作。然而，学习中的合作不能排斥竞争。如果仅把合作作为学生在学校学习的唯一方式，学生将永远学不会适当的竞争。合作与竞争，或合作与个人单干奖励结构的混合运用是对学生的学业成绩和社会关系产生积极影响的最有希望的途径。但是，应当看到其中的主次，学生之间的合作应当成为现代课堂教学的主流。

（9）体育课程教学风气。体育课程教学风气是指学校为了实现体育课程教学的目的，经过长期的奋斗，在体育教育方面养成并流行的较为普遍、稳定的具有独特性的思想行为作风，它主要包括体育（运动项目的）"传统"风气、学习锻炼风气、教书育人风气。良好的体育风气一旦形成，就会产生巨大、无形的教育力量，对学生产生经常的、潜移默化的影响。

体育课程教学风气的形成并非一朝一夕之事，要想在学校中形成持久、稳定的体育风气，就必须做耐心细致的工作，必须坚持长期不懈的努力。在构建过程中，应采取以下措施：

1）依靠学校，争取得到校领导的支持。

2）提高体育教师素质，加强专业与职业修养，切实做好体育教育工作。

3）加强舆论宣传，培养学生参与体育的自觉意识。

4）完善规章制度，改善物质条件。

5）建立学校、家庭、社会立体化教育网络，发挥整体教育功能。

（10）体育课程教学传媒。学校中的体育传媒很多，这里主要指体育图书、杂志、报纸、墙报、公告、广播、电视、电脑等。这些体育传媒能广泛、快捷地传递体育信息，通过这些信息，使学生从中获得相关的潜在经验，从而得到相应的潜在教育。

在体育传媒的开发上，应充分认识体育传媒的意义与价值，广泛开发体育传媒；还应充分认识体育传媒功能的二重性，防止消极作用的产生。

（11）体育课程教学物质环境。体育课程教学物质环境是校园体育文化的重要组成部分，它是体育隐性课程内容的重要来源，对学生的心理状态和身心发展能产生潜移默化的影响。体育物质环境涉及的内容较多，主要包括体育场馆、器材、艺术品等。

在体育场馆器材的开发上，应着重注意以下问题：

1）体育场地器材布置的趣味性与安全性。

2）体育设施的教育性（如体育馆的建筑风格对人的陶冶作用）。

3）体育运动环境的卫生、绿化与美化等。

在体育艺术品的开发上，应重视体育雕塑、壁画、名人肖像、警句格言等的设计与实施。过去我们在这方面做得不够，在允许的条件下，应予以大力开发。在开发过程中，应重视典型性、艺术性与实效性。

二、体育素质教育的运作模式构建

体育素质教育的整个运作模式各构成要素之间的关系是，首先，中小学体育实施素质教育的决策系统根据体育素质教育的目标及其现状，规划、出台一系列关于全面实施中小学体育素质教育的改革指令；其次，决策系统一方面把指令传达给执行系统去执行，另一方面也把指令传达给监督系统，监督系统负责监督执行系统的执行情况；最后，执行系统把执行情况交给反馈系统，反馈系统对其信息进行处理，比较结果与决策指令之间的差距，并提出修正指令时可供选择的方案，为决策系统发出新的指令提供方案支持。

体育素质教育的运作模式如图 4-2 所示：

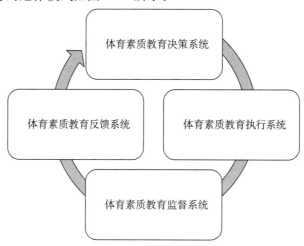

图 4-2　体育素质教育的运作模式

（一）运作模式中的体育素质教育决策系统

决策系统主要从宏观层次上对政策投入、行政立法、计划控制、组织宣传等方面进行有效把握，它的指令能否真正得到贯彻，完全依赖以下六个机制子模式，如图 4 - 3 所示。

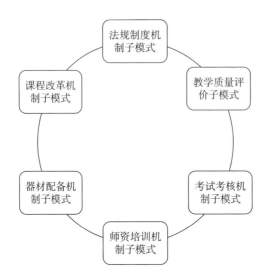

图 4 - 3　运作模式中的体育素质教育决策系统

1. 体育素质教育法规制度机制子模式

法规制度是顺利进行中小学体育教学改革的重要保障。在某种意义上来说，它也是一种重要的评价方法，以违不违规作为检验运行效果的强有力的手段之一，主要体现在以下三个方面：

（1）各级行政主管部门以党和国家教育法规为导向拟定本地区素质教育发展方针政策。

（2）各级各类体育教学研究部门依据行政指令制定本辖属范围内中小学体育实施素质教育状况的督导检查制度。

（3）各级各类中小学校依据上级主管部门指令并结合自身实际情况拟定适合本校素质教育发展的规章制度。

2. 体育素质教育课程改革机制子模式

长期以来，体育学科是以学科课程为主编订体育课程的，它对于确立体育在学校教育中的地位，形成体育学科体系，保证全体学生掌握体育基础知识、基本技术和基本技能等方面起到了重要的作用，同时也为体育课程教材的进一步改革奠定了可供发展的基础。单一的体育学科课程模式在课程内容的容量方面，在照顾学生的兴趣、爱好方面，在培养体育能力方面，在与社会生活活动的联系等方面，确有不足。

改革体育课程模式，吸收各种课程理论的优点，逐步形成体育学科的科学的课程体系是当前体育课程改革的主要趋势。课程改革既要主动适应社会发展，也要考虑国情；既要保证全体学生有共同的、必要的体育基础，也要为学生的自主、自立、适应未来工作和生活做好准备；既要考虑体育课程的规定性，也要增强课程的弹性，在保持体育学科的科学性、系统性的基础上，使课程内容更加适应不同年龄阶段学生身心发展特点，照顾学生的兴趣、爱好，加强内容的选择性。

我们应该充分利用体育学科的特点，吸收、融合包括活动课程在内的各种课程理论，形成我们自己的体育课程理论与课程实践体系。

完成这些转化，一方面要加大对现有体育学科课程改革的力度，另一方面，要在课程结构上进行改革。课程发展的历史和现实已证明，多种课程模式相互交融、优势互补是课程发展的必然，我们应该对建立起几十年的体育学科课程体系进行认真、系统的总结，扬长补短，同时注意吸收各种课程理论的优点，结合体育学科的特点加以改造，逐步形成科学的体育课程体系。

体育教学方法是教师组织学生进行学习的步骤、程序、规则、方式等，包括教法与学法。教法起着组织、控制、激发、引导、示范、说明、概括、评价等作用，学法起着主体、目的、内化、发展等作用。教法和学法是有机联系不可侵害的整体，有什么样的教法，就会有某种相应的学法，或者为了建立某种新的学法，就必须采取相应的教法。

传统的体育教学以教师为中心，以运动场地为阵地，以教材为内容，突出的是教师的作用，学生主体作用不明确。因此，在教学方法的运用上，大多采用教师讲授为主，辅之以练习、复习的方法，忽视了学生的主动性和创造性的发挥。另外，在传统的体育教学中往往还存在只注重对教法的研究而忽视了对学法的研究，致使学法的目的、作用不明，严重影响了教学方法的科学化和学生主体作用的确定。随着社会的发展，学生主体意识的觉醒，这些过分注重讲授的教学方法和忽视对学法研究的现象就显得十分落后了，必须冲破传统教学方法的束缚，创建适应时代要求的能够培养创造型人才的教学方法。

创建以学生为主体的新颖体育教学方法：一是要坚持内因（学生）与外因（教师）的辩证统一；二是要坚持教法与学法的有机结合；三是以教学目标为依据，以教学内容为基础，以教学手段为核心，以教学组织为主线，以教学策略为龙头；四是要对原有的教学方法进行科学的选择，合理组合，正确运用。

3. 体育素质教育器材配备机制子模式

场馆器材是进行体育素质教育的硬件要素，它的数量、规模和人均比例直接决定学生进行体育锻炼的密度和质量。所以作为决策系统，有必要多考虑场馆器材建设的重要意义，为体育实施素质教育的顺利进行多开辟自由的空间。随着现代科学技术的发展，单一的课堂教学格局不可避免地会受到冲击，并必然会被现代的教学技术所取代。计算机和多媒体教学的运用，又可以使体育课堂教学发生深刻的变化，可以培养学生主动获取知识、运用知识和处理知识的能力，可以创造超时空的课堂，它给课堂教学带来的将是教学领域突破性的变革。因而多媒体教室建设使体育教育又增添了新的阵地。

要本着学校和社会共建的原则，筹集用于体育场馆的建设和器材的配备经费。具体有以下三种解决方案：

（1）根据学校自身实际，自力更生，分层次、分阶段完善场馆建设和器材的配备。

（2）依托政府和上级主管部门以专项经费的方式一次性或分期完成。

（3）依靠社会力量完成建设。体育课程教学场地和器材可以向社会开放，并收取一定的费用；社会捐赠也是一种有效的形式。

4. 体育素质教育师资培训机制子模式

全面推行素质教育势在必行。作为推行素质教育的执行者教师，先要提高自身素质，否则，要搞好素质教育只是纸上谈兵。教师必须不断地学习、钻研，进行继续教育，补充新的营养，丰富自己的知识，教师应让学生有知识渊博的感觉。

中小学体育教师继续教育课程分为八大板块：思想政治教育和职业道德修养、教育教学理论研究、现代教育技术、体育教学大纲和教材分析、体育教学技能训练、体育学科理论、体育教育教学专题研究、知识更新与扩展等。

如何有效开展以体育素质教育为中心的继续教育，如何通过培训全面提高中小学体育教师实施素质教育的能力，是教师培训机构当前和今后一个时期的中心工作。

师资培训子模式的具体内容表现为：

（1）学历在很大程度上代表着教师的水平，体现在它所表示出来的知识结构具有相对的全面性，这可以从考核、调整工资、晋升以及职称评定中做一些硬性规定，督促学历未达标的教师深造学习。

（2）在培训模式上我们可以采取以下四种方式来完善这项工作：

第一，鼓励老师参加函授学习，组织教师在职学习进修。

第二，根据学校教师的实际情况，有目的、有计划地派一部分教师到体育院系短期进修，或在校内聘请专家举办短期培训班。

第三，购置培训用书，让教师写读书笔记，定期检查，并作为年终考核因素之一直接与经济挂钩。

第四，学校可根据国家有关规定制定达标标准，以促进青年教师多学习一些理论技术、实际操作的本领，这对自身的成长和适应教学需要都有好处。

5. 体育素质教育考试考核机制子模式

"应试教育"的体育考试以单一的考试形式考评学生的学习成果，即一个标准，一个规格，实行"一刀切"。以智育为上，动作技术为主。全面追求升学率，忽视学生健身方法的学习，终身体育意识及能力的培养，抑制学生个性的发展，严重挫伤广大学生的学习积极性和自学性。部分学生由于身体素质差，对教材动作技术、技能不能掌握，而产生厌学、恐惧、害怕的心理，从而失去学习兴趣和自信心，产生失败心理。

素质教育不是全盘否定"应试教育"，彻底取消考试，而是扬弃"应试教育"的弊端和不足，主张综合考评。从评价出发，既要考评体育知识技能掌握成果，以要合理评价学习进步幅度与努力求知的程度，还要兼顾心理、道德、学习态度、价值观创造能力等方面，通过综合的考证考评，检查教学效果。有效地提高学生学习自觉性。现在教学理论强调"不求人人成功，但求人人进步"。这些都充分说明"应试教育"中考试方法不适应时代要求，不利于学生的发展。现行的初中升高中的体育加试就是很好的见证，它大大提高学生的积极性和主动性，推动了体育教学向前发展。

因此，学生考试机制子模式由以下两方面组成：

（1）侧重考察学习结果，着重点在学生掌握系统的基础的体育知识、技术的结果，培养能力，发展技能，提高体能。

（2）侧重考察学习过程，侧重学生当前解决的问题，兴趣有无增加、增广，发展能力，培养意识，提高体能。

6. 体育素质教育教学质量评价子模式

教学质量评价是学校和上级主管部门对于一线教学水平和效果的认可方式，是与教师竞争激励机制联系在一起的，所以怎样以素质教育尺度来衡量和界定教学质量，在素质教育并没有广泛实施的情况下，与各级决策者的认识水平密切关联。

教学质量综合评价机制子模式可以表述为以下三个方面的因素：

（1）建立体育素质教育长期、短期教学目标。

（2）以教师对于教学目标的书面材料（教案等）作为评定要素之一进行考核。

（3）以学生各方面的反映来衡量教学业绩，例如学生基础知识的掌握，运动能力的增强（比较意义上的），兴趣有无增加等。

（二）运作模式中的体育素质教育执行系统

执行系统负责具体的行政组织、领导和业务指导，本着"统一性和灵活性相结合"原则，具体实施中小学体育素质教育决策系统发出的指令：

（1）按照中小学体育实施素质教育的实际需求，制定相应的法规制度，积极稳妥地布置中小学体育实施素质教育方案。

（2）组织好中小学体育教材教法的改革，使之能更好地适应素质教育。

（3）积极推进中小学体育场馆建设，进一步完善器材配备目录，把适合学生占有比例的创新器材落到实处。同时把体育场地、器材实行社会化运营，利用社会力量弥补中小学财力的不足。

（4）组织中小学体育教师进行职后培训，加强体育教师对于现代化教学手段的掌握。

（5）具体探索和实现适应素质教育的学生考试考核机制。

（6）建立定性定量相结合的市县两级教学质量综合评价体系和实施细则。

（三）运作模式中的体育素质教育监督系统

监督系统负责监督执行系统的执行情况，以确保中小学体育实施素质教育目标的实现。它的主要职责为：

（1）监督执行系统在中小学体育实施素质教育中是否存在有法不依、政令行不一致的行为。

（2）监督各中小体育课程教学工作领导小组在体育实施素质教育中对上级文件执行情况（包括文件转发和批处理）。

（3）监督各中小学执行系统中教研组或教务处对阶段性素质教育目标执行情况是否符合要求。

（4）监督各中小学执行系统中体育教师对素质教育的执行是否真正贯彻素质教育要求。

（5）监督各中小学在场地器材方面是否达标。

（6）监督各中小学在学生考试考核方面是否脱离"应试教育"，在设置考试内容时是否注意个体差异。

（7）监督各中小学在教学质量综合评价时是否还沿用"唯成绩论"标准。

（8）对监督过程中出现的偏差和失误予以纠正，并对违反规定部门和个人做出严肃处理。

（四）运作模式中的体育素质教育反馈系统

反馈系统是把执行系统执行的效果与决策系统发出的指令进行比较，找出差距，提出修正指令时可供决策系统选择的方案。反馈系统的主要职责为：

（1）对政策法规所拟定的内容进行执行后产生的系列实际问题进行反馈。

（2）对课程设置合理化程度进行反馈。

（3）对场地器材出现的情况进行反馈。

（4）对师资队伍出现的知识结构等问题进行反馈。

（5）对学生感受素质教育的情况进行反馈。

（6）对中小学体育实施素质教育执行系统中各有关部门或个人工作积极性进行反馈。

（7）对教育行政人员或教师业绩综合评价合理程度进行反馈。

第二节 素质教育与体育课程教学改革

一、素质教育与体育课程教学改革的关系

（一）素质教育的内涵

做人和成才两大层次目标是我国教育的根本动向，素质是做人的基础，做人是成才的基础，国之栋梁成人为先。"素质教育是当今教育发展的主流，是培养现代化社会主义事业所需人才的整合。是以促进人的身心和谐并结合'德、智、体、美、劳'等五方面发展的教育，是民族振兴的奠基石"。① 素质教育要面向世界、面向未来和面向现代化，是学校教育的主动选择，是着力培养新世纪综合型人才和新一代公民的伟大决策，是以人的发展和社会发展的实际需要为主要目的，以全面打造全体学生的综合素质为根本目的，以尊重学生个性，加强挖掘学生身心潜能，注重培养人的健全个性为根本特征的体育教育。

素质教育主要通过完善和提高学生思想道德、文化素质、科学技能、身体心理、科技劳动等"全面开花"有机结合，着眼于长远的社会发展需求，以针对全体学生为主，全面培养学生的综合素质为根本目的，使其各个方面教育相互渗透、相互影响、协调发展，增进学生的综合素质和健康心理方面的发展。

素质教育的第一要务是培养与促进学生的身体素质健康。身体素质是素质结构的物质基础，也是做人成才的前提条件。一个学生只有具备了强壮的体魄、旺盛的精力，才能完成繁重的学习任务，才能为将来担负建设祖国的重任打下良好的身体基础。反之，即使知识渊博，品德高尚，如果体弱多病，即使壮志满怀也会力不从心。体育课程教学与素质教育二者关系密切，不可分离。

① 杨道飞，张利朋. 素质教育的内涵及其与学校体育课程改革的关系 [J]. 文体用品与科技，2016（14）：51-52.

（二）素质教育实施的必要性

一个国家要想要强大，比的就是综合国力，在综合国力中，一个基础性的要素就是国民素质。在对人进行素质教育在培养人的过程中，要加强传授知识、培养能力与提高素质为一体的教育，在传授学生专业知识外，更要注重学生相关人文、社会、自然科学知识，及德政素质，即"做人"的能力。某些个体上优秀或只具有某方面种特质的"狭义"的人才已经不能适应 21 世纪发展的需要了，而更需要能够全面满足社会竞争需要的综合型人才，其个人素质、学识经验、合作交流、创新决策等各个方面都具有足够潜力与修为的"广义"型人才。

素质教育追求的思想目标是知识、能力、素质的高度和谐和完美统一，注重培养受教育者的体验和内化过程，更注重培养实践能力及综合能力发展。在今天这个机遇稍纵即逝，环境瞬息万变的社会，以促进人的身心和谐以及德、智、体、美、劳等全面发展的素质教育，是当今社会教育发展的主旋律，是培养适应现代社会所需人才的迫切需要。

（三）体育课程教学在素质教育中的地位

"在基于新课程改革大力倡导素质教育的背景下，学生的主体地位逐渐受到重视，而促进学生的全面发展也成了当下我国各学科学段教学的主要内容"。① 一直以来体育在实施素质教育中都起着举足轻重的作用，素质教育被称为全面发展的教育，包括身体素质教育、心理素质教育、政治素质教育、思想素质教育、道德素质教育、业务素质教育、审美素质教育、劳技素质教育等八方面的教育。其中良好的身体素质是培养与发展其他各方面素质的物质基础。一个拥有健康的体魄的人，才有条件去学习各门科学文化知识以及从事社会主义事业中的各项任务与工作。

在当今综合国力竞争激烈的时代，国民素质是一个基础性的较量要素，青少年体质健康在国民要素中首当其冲，青少年身体素质的好坏直接关系到中国的前途和命运。体育课程教学是实现青少年体质健康的重要手段。通过体育课程教学让学生掌握应该掌握的基本的运动技能，引导学生积极参加体育锻炼的兴趣，形成良好的锻炼习惯和终身体育锻炼的意识，促进学生体魄强健，体质健康，开发学生的心理和生理潜能，

---

① 宋文彩. 论素质教育与农村小学体育教学模式改革 [J]. 百科论坛电子杂志，2020（11）：874.

培养学生坚强不屈、百折不挠的意识品质，使学生形成良好的生活习惯，掌握良好的人际关系知识和技能，为其他素质形成和发展奠定坚实的物质基础。

体育课程教学在素质教育实施的过程中担负着重要使命，是实施素质教育的重要内容和主要手段，具有至关重要的地位。

（四）体育课程教学在素质教育中的作用

体育课程教学教育为我国社会主义体育建设事业培养了大批的人才，体育课程教学是素质教育的核心内容与重要手段。为促进学生身心发展，增强他们的体质，并对他们进行道德品质的教育，使他们能很好地完成学习任务，从事社会主义建设和保卫祖国。体育课程教学是国民体育的基础，为促进素质教育水平有重要的战略意义。过去素质教育追求培养德、智、体、美等全面发展的综合性人才，现在把学生的德育、体育和美育放在极为重要的位置。由过去"德、智、体、美"等全面发展，到现在"德育、体育、美育、智育全面发展"，不难看出体育在实施素质教育中的地位已经提高到了第二个层面。体育课程教学不仅在体育本身，也与德育、智育、美育等息息相关，并且促进德育、美育、智育的形成和发展。

1. 促进学生体魄强健，身心健康

健全体魄是青少年美好未来的基础保障，关乎国家综合国力的强弱。体育课程教学根本目标就是通过增强学生体魄，促进其身心健康发展，为提高中华民族的身体素质和为社会主义现代化建设培养德、智、体、美等全面发展的建设者和接班人服务。不言而喻，体育课程教学是促进学生体魄强健，身心健康，保证提高国民素质，健全人格的重要媒介和基础。同时体育课程教学是契合人类追求和谐社会，向往美好生活，培养学生良好的体育锻炼习惯，形成终生体育锻炼意识，塑造健美体魄的崇高理想，以适应现代生活方式和生产方式的，提高生活质量。

2. 培养学生崇高的思想品德与坚强的意志品质

我国教育的主要内容之一是德育教育，是推进素质教育的重要环节。要培养学生高尚的思想品德和坚强的意志品质，体育课程教学担负着重要使命。在体育教学和课外体育活动中，有更多机会使学生本质思想行为动态显露出来。

体育课程教学具有培养道德品质的较好条件，例如，田径对培养学生学勇敢顽强，

坚毅，富有进取心的品质有积极的促进作用；大球类项目对加强学生的组织性纪律性，培养学生的集体主义精神、机智、诚实等品质有显著作用；小球、体操等项目有利于培养学生沉着冷静，勤劳、果断和控制的品质；体育教学和训练的对抗性，可以促进学生良好的个性心理品质的形成，培养良好的意志品质，有利于学生养成良好的道德行为。在这样一种特殊的体育运动氛围中，学生努力克制和约束自己的不良行为，尽力表现出自己良好的道德风貌，从而为培养其自身良好的道德品质和修为打下坚实的基础。

3. 提高学生的审美情趣

美育离不开体育课程教学的积极作用。在体育课程教学开展的过程中，美育亦渗透在体育的每个环节，并将其融入体育中，从而形成灵巧之美、和谐之美和健壮之美。依靠丰富多彩的体育活动内容与形式，学生便会从参加体育锻炼过程从中感受到美的存在。由于当代体育运动的"健、力、美"的有机完整的结合，在运动中就形成了和谐的韵律和鲜明的节奏，再加上巧妙的配合，使运动技艺的惊险性、造型的艺术性与娴熟动作配合的默契性融为一体，参与者不仅塑造体形的外在美，而且可以直观感受到美的体验和美的享受，从而提高学生的审美情趣。

由于现代化媒介的普及与利用，使得越来越多的人有更多的机会领略到全世界各地高水平的体育赛事。运动员在既定的空间和时间中把身体展示到尽善尽美的程度，使"健、力、美"三方面完美地展示到世人眼前，所呈现出的优美"韵律、节奏、配合、造型"使观看者产生一种犹如欣赏一场场优美的舞蹈，观看着一座座线条明快的雕塑，抑或是鉴赏一张张用光和谐创作的摄影艺术作品一样，使观众赏心悦目，心旷神怡，让人无限遐想。通过培养学生在体育运动中对美的感受、表现以及创造美的能力，更好地提高学生认识与表现自身在运动方面的美，使自身身心得到更加充分、完整、自由、全面的发展。

4. 发展学生的感知思维能力

体育课程教学既能增加学生的体质，也能促进其智力的发展。因为人才构成的重要因素之先决条件是健康的体魄。科学实践证明，坚持不懈地锻炼身体，可以增加大脑皮层细胞活跃的强度、均衡性与灵活性。人的体质是变化发展的，如果具有坚持终身锻炼的意识和习惯，在未来的竞争中再会立于不败之地；如果没有持之以恒的加以锻炼，在知识经济的人才结构中被淘汰也只是身体的衰退。

学生身体健康会促进其智力的发展，它们之间的关系是密不可分的，如果身体健康，学习起来效率就高，因为头脑清醒、思维敏捷、精力充沛、思想集中、理解力强、记忆力超群。体育本身亦属于科学文化知识的范畴，强健的体魄为我们掌握科学文化知识提供了坚实的基础，是人才成功的关键所在。通过体育运动，学生可以提高自身感知能力的敏锐度、灵活的思维、超强的想象力、良好的专注力。这一切都能促进学生的智力开发，从而有利于学生的学习能力的养成和对科学文化知识运用。

（五）体育课程教学改革的重要性

在知识经济爆炸时代，各门技能都需要高度国际化、科技化与多元化，国际竞争对知识的要求越来越高，其根本实质是经济和科技实力的综合国力的较量，最根本的还是科技与人才的竞争。发展科技与培养人才离不开教育，教育是我国现代建设人才的培养之本，而体育教育又是我国教育内容中的重要组成部分。体育为我国全面发展人才提供了健康保证。因此我们必须注重体育教学的优异质量以及在教学过程中注重提高学生锻炼的效果，我们还应重视体育教学过程中加强学生终身体育锻炼的意识和让其学会怎样锻炼的技巧、技能与方法。

在 21 世纪的今天，竞争最激烈的是人才，学校作为培养人才的根据地，要从长远的发展战略中高度重视青少年的体质健康问题，充分认识与加强体育课程教学的重要性，广大青少年身心健康、体魄强健和意志坚强是一个国家生命力旺盛的显现，是社会精神文明的标志，是国家综合实力的重要体现。体育锻炼是增加学生素质的最佳途径，重视体育课程教学，加强学生体质，有利于提高学生的综合素质，为实现现代化，创建人力资源强国，培养现代化综合型全面发展的社会主义人才，具有跨世纪的战略意义。

青少年的体质是国民素质中首当其冲的第一大要素，代表着国家的综合国力，而体育与健康教育课程又是增进国民素质的重要途径，从社会层面上来说，体育课程需要改革适应不断发展的社会需求，从学生自身发展来说，体育课也需要改革以便促进青少年体质健康，体魄强健。因此体育课程改革已经受到世界各国高度重视。体育课程改革成为摆在我们体育工作者面前的一个重要课题。体育课程教学是教育的有机组成部分。体育课程是一门发展与完善学生身心素质为目的的特殊教育课程，是其他课程不可替代的一门教育课程。体育课程为开展素质教育做出了不可忽视的作用。

二、素质教育对体育课程教学改革提出的要求

素质教育是为适应现代社会所需，对人才规格培养提出的要求，是全面发展的教育，不仅反映了学生个体素质发展需求，而且还是人的全面发展思想的丰富和发展。体育课程教学是教育的有机组成部分。体育课程是发展和完善学生身心素质为主的特殊的教育课程；意在促进学生身心和谐发展、思想品德教育、文化科学教育、生活与体育技能教育集中于身体活动并将其有机结合起来的教育过程；通过学生身体练习为主要手段以及合理的体育教育和科学的体育运动锻炼过程，达到体质健康、高体育素养为根本目标的公共必修课程；是学校课程体系的核心组成部分；是体育课程教学工作的重要环节；是实现我国素质教育和促进学生适应社会、培养学生完整个性的有效途径。体育课程具有其他课程不可替代的作用，体育课程必须为实施素质教育做出应有的贡献。

（一）促进青少年身心健康、体魄强健

课程改革是教育改革的核心，要进行改革必须弄清党和国家为适应社会发展对体育改革提出的新要求；要清楚社会发展和体育发展的现状，基于国情出发，结合现实，理论与实践相结合，厘清这个时期需要什么体育课程。

青少年身心健康，体魄强健是体育课程改革的核心追求目标，提高青少年的体质是体育工作者的重中之重。健康是青少年成长成才和幸福生活的根基，关系国家民族未来和亿万家庭福祉。树立"健康第一"的理念，组织引导学校、社会和家庭为青少年强身健体创造良好条件，为实现中国梦提供人才保障。

近年来，体育课程教学设施有了明显改善，全国数亿学生掀起了校园阳光体育运动的锻炼热潮，然而青少年"运动不足"问题仍然尖锐，学生体质健康状况未能从根本发生改变，体育课程教学教育应以育人为本，促进学生综合发展为主要目的，通过体育课程教学活动加强学生强健体魄、健全人格，养成终身体育锻炼习惯和健康生活方式。国家政府和学校应以促进青少年身心健康，体魄强健作为体育工作的根本的出发点和落脚点，立足于全局和亿万家庭福祉的重要需求。

（二）深化体育教学改革强化体育课和课外锻炼

首先，切实上好体育课的学时数。在总学时相对减少的情况下，把小学三到六年

级每周 3 节体育课改为 4 节，高中每周 2 节增加到 3 节。任何学校与部门不能以任何理由和借口占用体育课时。教师严格依照课程标准开展教学，保证运动负荷，让每个学生都享有充分锻炼时间，并至少掌握两项终身受益的体育运动锻炼项目。

其次，保证学生每天至少锻炼一小时。开展阳光体育运动进校园活动，开展每天早操、晨跑等晨练活动，上午一律安排大课间体育锻炼活动。鼓励因地、因校制宜，开展各种各样、简便易行、效果显著的运动锻炼项目。创建学生体育社团组织，开展各种体育项目兴趣小组，定期、不定期举办体育比赛、运动会、体育文化节等，使校园体育活动充满勃勃生机。

最后，改革体育评估体系。保证体育课和课外锻炼发挥"主战场"作用，科学合理安排学习、生活、锻炼的时间，保证学生拥有足够的睡眠时间，养成青少年良好的体育锻炼习惯和健康的生活方式，加快使我国青少年达到国家体质健康要求的速度，不断加强学生耐力、力量、速度等体能素质的锻炼，降低营养不良、肥胖和近视的发生率；促进学校和社会各界人士的协调合作，共同营造青少年热爱体育、崇尚运动、健康向上的良好氛围，让全社会都来珍视健康、重视体育，创建高青少年乃至全民族健康素质的长效机制。

（三）贯彻课程标准，规范体育课程

为全面建成小康社会、建设创新型国家的需要，要求全面实施素质教育，推动教育事业在新的历史起点上科学发展，加快从教育大国向教育强国，从人力资源大国向人力资源强国迈进。课程改革是教育改革的核心，每一次改革的目的都是为了提高教学质量，更好地为国家为社会培养适应社会发展人才。规范体育课程，提高教学的实效性和质量，与贯彻落实课程标准，强化体育课有着不可分割的关系。

将体育教学立足课堂，体育课程教学注重教研培一体化。在抓好常规的同时，大力开展体育品质课堂教学。注重把体育与健康的基本理念运用到具体的教学实践中，把学生学习能力与体育习惯的养成紧密地结合起来，注重学生体育兴趣的激发，重视对学生健全人格的培养。注重与课外延伸，与课余活动、课余竞赛等相结合，力求使我们的体育课堂更精彩。围绕品质课堂六性的研究（专业性、全人性、取乐性、思辨性、践习性、化成性等），定期开展课堂教学专题研讨活动，打造品质课堂，提高体育教育教学质量。

（四）掌握运动技能在教学中的意义

促进青少年体魄强健身心健康，是我国体育教育改革的热点和重要任务。其中增强学生体质，培养运动技能首当其冲。新课程标准提出，以学习体育与健康知识、技能和方法为主要内容，《体育与健康》课程是一门以身体练习为主要手段、以增进学生健康为主要目的的必修课程。由此可见，学生运动技能的形成与其体质健康唇齿相依，事关终身体育意识的形成。

学生如果没有一两项自己喜欢的、擅长的运动项目，就谈不上长期坚持体育锻炼。掌握一两项运动技能，既可以养成良好的锻炼习惯，又可以使学生对运动产生兴趣。运动技能与体育锻炼的关系，犹如水到渠成；在培养终身体育锻炼意识中，运动技能是一项必须具备的能力，从小培养运动技能，让每个学生掌握一两项运动技能非常重要。

锻炼过程中当能力与最初喜欢的运动项目产生矛盾时，多数都会选择擅长的运动项目进行锻炼，并且在参与锻炼过程中因为掌握了运动技能感到参与运动的快感。说明运动技能的掌握是充分调动体运动细胞的一大要素，是参与运动直接的媒介和手段，体育运动技能的掌握与运动锻炼的关系犹如船与桨，体育技能如桨，运动锻炼是船，运动技能促进人们主动参与运动锻炼形成良好的锻炼习惯。

（五）素质教育中体育课程教学的发展宗旨

素质教育不属于"英才"教育，也不属于"升学"教育与"就业"教育，而是属于"为人生做准备"的国民教育。在教育活动中，重视教授"最基本的知识点"，使学生掌握"以不变应万变"。为此，体育课程教学应该从传统的以传授体育知识和技能为主的教育方式，转变为培养学生独立学习、发挥其创造能力的教育。教师要引导学生积极主动学习体育的意识，使学生从被动接受灌输学习变成积极主动追求学习体育乐趣，从主观意识上认识到体育是协调发展身心的最优途径，使在校期间所学的体育技能终身受用。

经过几十年体育课程教学的发展，我国体育课程教学教育积累一定的经验，取得了良好的成绩。但随着时代的变迁，素质教育的重要性日趋显著。体育课程教学必须顺应新形势的发展，落实加强培养新世纪综合型人才的任务，在体育教学过程中创新教学手段、丰富教学内容、完善教学设施，使学生真正明白体育的作用与意义所在，让每位公民都快乐的运动起来，让每个公民都拥有强健的体魄，进而充分展示出体育课程教学在当今素质教育中"育体、育人"的宗旨。

三、素质教育背景下体育课程教学改革的对策

（一）构建体育课程新体系

青少年强健体魄是其美好未来的基本保障，其体质健康水平关系到整个民族健康素质，影响国家人才培养质量。培养一个国家的人才，必须从青少年开始。青少年容易接受新鲜事物，在指导思想上必须找到一个切入点和突破口，而这个切入点和突破口就是课改，以青少年的体质发展来作为出发点和落脚点，构建学生身心健康，体魄强健为本的体育课程新体系。开展体育课程教学活动使学生体魄强健，人格健全，形成终身锻炼的习惯。

防止重智轻体的陈旧思想，敢于改革思想，建立一个科学的体育教育体制。构建以学生身心健康，体魄强健为本的体育课程新体系，健身育人，传承体育文化素养，培养学生健全人格，增加社会责任感，形成学生不同的个性特点、创新能力和个性发展，促进学生综合方发展。从小锻炼的习惯延续下来，学生体质下滑的趋势才会得到有效遏制，学生的身体素质自然会提高。

（二）明确课程改革目标

进行课程改革以来，准确的问题、清晰的目标是改革前进的指挥棒。必须清楚体育课程改革到底能做那些事情，体育工作人的能力是否适应现阶段体育课程改革目标，必须准确定位，量力而行，实事求是。比如应试教育是现阶段的国情问题，不是通过课程改革就可以解决的，体育课程改革目标要满足当前应试教育条件下素质教育发展的需要。在体育课改的进程中，切记做力所能及的事，不要夸大体育的功能，贸然承接无法完成的任务。必须明确体育课改的目标和初衷要同素质教育发展要求相契合。清楚认识我国在体育教育这块问题上所要重视的问题就是体质健康，提高学生健康素质已经成为我们国家课改的一大目标，以提高国民体育健康为重点。作为体育工作者如何为社会所需人才打下基础，体育课程改革归根结底都离不开社会需求、学生个人发展以及学科知识技能和方法。改掉那些落后于时代发展的东西，明确体育最基础、

最本质、最主要的体育功能与价值。

开展素质教育离不开体育教育，体育课程教学对促进学生身体健康，身体的正常发育起到了积极的作用。体育教育的正常开展和学生基本知识技能的掌握，一定要有先后，确保孩子身体正常发育，健康成才。有了健康的体魄，然后再掌握一些知识方法和基本技能。视体育为一种载体和手段，加强体育锻炼，坚定"健康第一"的理念，确保体育课和体育锻炼时间，加强心理健康教育，促进学生身心健康、体魄强健、意志坚强，促进德育、智育、体育、美育有机融合，提高学生的综合素质，促进人的整体发展。

（三）合理构建体育课程

在体育课程建设中，必须用观念来调整师生关系和教学的关系，指定基础教育的课程内容，区分使用重点与非重点教材，对不同的教材和教学对象的不同，允许各地各校选择适合实际情况的教材。以学生为载体，注重个人特点，使他们了解并认知运动本质，提高运动技能。

从长远来看，体育教学不仅仅是让学生能在学校得到锻炼，在课外得到锻炼，技能得到提升，最重要的是让今后走出社会的学子们，能够在一条适合我们国家现行教育发展的道路上越走越远。着眼于此，重新编写以学生体质健康为主轴的各类合理体育课程内容，进而制定出与之身心健康发展相契合的体育教学教材。

新的体育课程建设要以学生健康成长为主轴，无论是在校内还是在校外，都要为学生身体健康提供合理科学的理论依据和正确的锻炼方法，以期达到学生体魄强健、身心健康发展的目的。

（四）保证课程实效性

体育教学是为了培养学生健全人格，体魄强健。在实施体育课的教学改革过程中，应当把学生体育基本素养和专项技能作为工作的基本思路。如何在一次体育课中，让学生易懂、乐学，学会；怎样活跃体育课堂氛围，调动青少年体育锻炼的积极性，使学生的体质健康有明显的突破和变化。需要在千头万绪中抓点带面，抓住体育课程教学的关键，突出体育课和课外锻炼，达到促进青少年身心健康，拥有强健体魄的目的。

体育课程教学课改革要以学生健康为主线，把体育技能作为生活中需具备的基本技能传授给学生。重点关注以下两方面：

一方面，发挥校领导的关键作用，因为确保体育课内外活动的实效性，既是体育老师的义务，也是全体老师和领导不能推却的任务。作为学校第一领导人，应该认真贯彻和实施教育部的各项方针，加强对体育教师的业务能力培训，提升教师职业能力水平，提高教学质量，同时还应该结合学校实际情况，鼓励因地因校制宜，将丰富多彩、简单易行、效果显著的体育运动项目与各个学校有特色的体育项目相结合，构建富有特色的学校锻炼活动。以确保青少年有充足的时间、能力和兴趣参与体育锻炼，实效落实每天锻炼一小时。

另一方面，改革考试评价体系。把体育课作为国家统一规定的学业水平考试的必考科目，毕业和升学要求学生达到合格水平。将学生体质状况和体育特长翔实地记入学生综合素质评价档案中，作为学生毕业和升学的重要参考。使体育课和课外运动锻炼发挥"主战场"作用，科学合理安排学习、生活、锻炼时间，确保学生有足够的睡眠时间，提高学生体质健康水平，继续加强学生各方面体能素质锻炼，减少营养不良、近视及肥胖的触发率；加强学校和社会的协调合作，共同创造学生爱锻炼、崇尚体育、积极进取的良好社会气氛，构建良好的民族体质健康实效机制。

（五）增强学校基础能力建设

首先，从根本上提升体育课程教学教师水准，把学校教师这支队伍强化起来。聘请一些有经验的运动员或者是部分有特殊技能的体育专业人士，让他们都加入体育教师这个行业中来，专职教师与部分兼职教师共同组建成一支优秀的教师群体，同时在培养体育教师专业人才过程中，拓展专业运动员向体育硕士发展，加强乡村教育硕士培养，提升教师综合能力，加大体育教育专业贫困地区定向生及免费师范生的规模。

其次，注重专兼职体育教师能力的培养，提升教师综合能力，加大体育教师的"国培计划"培训力度，利用一切可以运用的条件及方法拓展培训服务，组织各类优秀课研讨展示活动和基本技能比赛，不断提高教师体育教学在岗能力。

最后，加强体育器材和场地建设，开发体育基础资源，体育器材和场地是保证体育课程有效进程的基础设施，现阶段应该把体育课程教学基础建设纳入新一轮"全面改革"工作中，结合学校地域特点，合理开发学校自身资源，发挥体育工作者的主观能动性，创设最适合的体育教学情景，创建良好锻炼氛围满足学生课外锻炼及体育课的需求。

第三节　素质教育背景下乡村体育课程教学的发展

一、素质教育背景下乡村体育课程教学的目标

（一）提升学生健康水平

促进学生的身心健康，提高其社会适应能力是体育课程教学永恒不变的主题和目标，也是素质教育改革对体育课程教学的基本要求。目前，占人口基数很大的乡村学生的体质状况不容乐观，究其原因不难发现，体育课程教学工作中的某些失调，这种状况直接导致了学生健康水平提升路径的缺失，这一状况亟须改变。要解决这些问题仅从学校环境、设施、经费支持等方面努力是不够的，而且难度较大。深刻认识和把握教育规律是开展教育提高教育效率的前提和基础，体育课程教学也是如此，如何结合学生的实际和目前的社会需求，认识体育课程教学的发展规律，也是摆在乡村体育课程教学工作者面前的重要问题之一。换言之，体育课程教学的改革目标已经确定，其主要问题就是寻求合适的发展路径，而对学生健康水平的影响是该路径的唯一参照。

（二）促进体育课程教学和素质教育整体目标的统一

众所周知，素质教育实施以来我国学生的整体素质取得了明显提升，但体质却不断下降，尤其是乡村学校表现得更为明显，这说明体育课程教学和素质教育整体目标之间不够协调统一，在素质教育改革整体框架下深入开展乡村体育课程教学改革势在必行。促进乡村体育课程教学发展和素质教育目标的统一也是体育课程教学改革的目标和要求。

从素质教育的德、智、体、美、劳宏观目标来看，加强它们之间的联系使之互相促进是素质教育质量保证的前提和要求，尤其是在德、智、体三项目标之间，使学生认识到发展体育对他们智育和德育培养的价值，进而把体育融入他们的德育和智育课

堂，通过二者的发展促进体育的发展应该是今后很长时间的体育改革目标之一，也应是当下乡村体育课程教学工作的重点。

二、素质教育背景下乡村体育课程教学的发展趋向

（一）生活化发展

体育课程教学是学校教育的一部分，体育也是一种生活，也应是学生学校生活的有机组成部分。如果不能从学生生活的角度看待体育课程教学的问题，得出的结论很难保证客观、真实。从某种程度上可以认为，体育课程教学和学生生活的协调程度几乎决定着体育课程教学的开展质量，乡村体育更是如此。从学生的生活着眼探索体育课程教学问题是充分调动学生内因的较好路径之一。

在学校生活日益丰富的今天，学生可以选择的娱乐休闲方式有很多，体育只不过是其中一种形式。多数学生自觉积极参与体育运动可能和特殊的年龄阶段的身体需求有关，是出于运动的本能，而大多数学生的体育参与可能是因为学校的号召和要求，表现出明显的被动性。多数女生在自我意识逐渐形成以后，面子观念和体育价值取向有所异化，参与体育运动表现出更强的集群性，单独的有计划性地参与运动的时间很少，这样就不可避免地导致体育教学效果的弱化。事物的发展通常是内因和外因共同作用的结果，而从学生的生活着眼促进体育课程教学的发展，是通过改变和规划外因和内因的科学路径，也是使体育真正科学的融入学生生活必由之路，这是学校素质教育的客观需求。因此，体育课程教学的生活化发展，是代表体育课程教学未来的一种重要趋向，也是改变目前体育课程教学窘境的科学选择。

（二）政策指导下的"指标化"发展

将中国乡村体育课程教学划分为前、中、后各十年三个发展时期可以看出政策对我国乡村体育课程教学的影响。体育课程教学是素质教育的组成部分，也是素质教育目标体系的重要目标之一，目标多具有宏观性。每个目标又可分为很多可以控制和量化的指标。乡村体育课程教学工作开展中出现的问题多数都和对体育课程教学的各项指标的贯彻和落实情况有关，尤其是边缘落后的地区更是如此。所以，在体育教育的改革过程中应加强各项体育方针政策的指导，坚决落实体育课程教学的各项指标，尤

其在学生的健康指标方面，让学生以此为参照对自身健康水平有清晰的认识，自觉锻炼身体。在目前素质教育不断深化改革的时代背景下，在国家政策的指导下，强化学生的体育指标意识，加强对学校的体育健康指标的量化要求，促进学校的指标化发展是乡村体育课程教学的方向之一。

第五章

乡村中小学体育课程教学及其师资队伍建设

第一节　人本主义视域下乡村中小学体育的教学目标

一、人本主义视域下乡村中小学体育教学目标体系

（一）体育教学目标体系

教学目标以含义的界定来划分，可分为学科课程水平、课堂教学水平教学目标两类，这两类目标所处的层面分别是宏观和微观。宏观层面的学科课程水平目标的制定基于学生、学科内容和国家、社会需求而制定，视角宽大；微观层面的课堂教学水平教学目标主要是任课教师基于课程标准基本学情而制定的，是课程目标的分解和细化，主要是对教学过程起到指引作用。

一般来说教学目标分为三类，如图5-1所示。

（1）学科教学目标主要是对教学行为进行规范，对教学效果和教学水平进行检验和度量。相对于单元教学目标与课时教学目标，学科教学目标是宏观性的教学目标，主要是对该学科教学目的进行分化，促进教学的实施，起到指导教学过程、检验教学评价的作用。

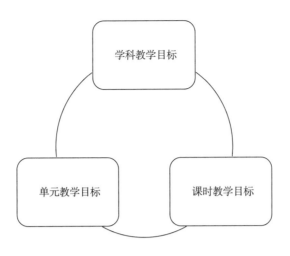

图5-1　教学目标的分类

（2）单元教学目标是教学目标体系的一个初步体现，主要是对学科教学目标的分解与细化，主要是对阶段教学所应达到的水平进行规定，对教师的教与学生的学进行指导与规范。

（3）课时教学目标是对单元教学目标进行进一步的细化，其具体化程度相对于单元教学目标较高。对教学行为进行直接的衡量和检验，如在课时教学目标中可以对微观教学的过程中教师的教与学生的学以及整个教学过程所达到的教学效果进行短时间内的检验，为教学评价提供平台和依据，课时教学目标是可以进行直接操作的目标。

从制定者的层面进行划分，教学目标共有三个层次：第一，国家水平的教学目标——由政府制订；第二，课程水平的教学目标——由课程专家制定；第三，课堂教学水平的教学目标——由教师制订，如图5-2所示。

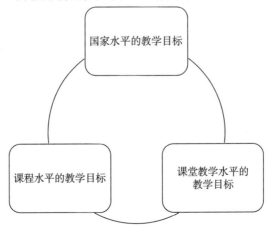

图5-2　教学目标的层次

这样由宏观到微观，由导向性到具体实施性的目标组成了三级的教学目标体系，它是一个具有指导性和独立性的引导体系。相对于整个目标体系而言，课时教学目标更具有选择性、多样性、具体性，对教学过程和教学行为具有导向性作用。课时教学目标是相对较为具体的教学目标，主要是通过任课教师进行自主选择，教师通过教学经验、课程标准的要求、具体的学情对课时目标进行选择和制定。通过课时目标的选择、制定、实施，实现教师对学生的教学期望。虽然不同的教师所选择的课时目标有所不同，但是无论是怎样的课时目标的选择，其制定与设计都需要用认知目标、技能目标、情感目标的具体体现，通过这些目标的实现达到教师所期望的教学效果。

（二）认知领域体育教学目标体系

关于目标体系的研究，影响力最大、最为大家所认可的就是布卢姆目标体系。布卢姆是教育学和心理学方面的教授，其对教学目标体系三大领域——"认知领域、技能领域、情感领域"中的认知领域研究最为透彻。

关于认知领域的六个层次的目标（图5-3）：理解、识记、掌握（运用）、分析、综合、评价，不仅仅是简单的递进与连续关系，每个低层次的目标都是高其一层次目标的基础与铺垫，反之每个高层次的目标同时也是其低一层次目标的发展、延伸与升华，由此可以得出在认知领域的目标里，各个相邻层次间目标是相互依存的有机统一，只实现低级层次的教学目标不是最有效的教学目标，同时如果没有低级层次教学目标的实现与铺垫，高级层次的教学目标就成了高屋建瓴。因此要实现各个目标的有机统一，从而实现认知领域的大目标就要做到，从低级目标抓起，层层实现各层次目标，

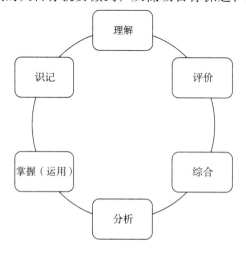

图5-3 认知领域体育教学目标

最终实现体育教学认知领域总目标。

体育教学目标在布卢姆认知领域目标的体现主要在以下六个方面：

（1）关于第一层的"理解"，主要是让学生理解、掌握所教内容的概念的理解，及学习课堂内容的现实意义所在，例如，在进行篮球模块的相关学习时，学生应该能够解释说明什么是篮球运动，以及篮球运动属于什么体育项目、预测进行篮球运动可能会出现什么危险等。由此可见在进行体育教学认知目标的拟定与编写时，运用较多的行为动词大多有"理解""阐释""说明""预测"等。

（2）关于第二层次的"识记"，在体育教学目标中的主要体现是，例如，说出篮球主要技术动作、列举田径运动都包含哪些项目等。由此可见，在教学目标中所需要识记的知识跟我们平常所指的知识不太相同，平常所指的知识一般是人类经历一些事情所作出的经验总结，经过实践验证能为大家所用的知识技能的总称，简而言之就是人类一般经验的总称，而在体育教学认知领域目标中所指的经验是指体育学科的相关知识，比如包括一些技能项目的概念、规则、技术原理、运动方法等，学生达到了这一方面的目标就可以实现对相关运动知识技能进行识记甚至是再现。

（3）关于第三层次的"掌握（应用）"，在体育教学目标中的体现是，通过一系列相关体育项目的课堂系统学习，可以将课堂所学运动技能应用于新的环境，如通过足球课堂的一系列学习，可以在不触犯规则的情况下将足球的传球、运球、踢球等运动技能应用于足球比赛中去。对于这一层次的认知领域的体育教学目标的制定所应选择的行为动词一般为"应用""示范""解决"等。

（4）关于第四层次的"分析"，在体育教学目标中的体现是，通过体育课的学习，学生可以对不同体育项目进行相关项目的区分，如区分网球与乒乓球击球动作的异同，同时学生也可以对同一体育项目进行其技术动作的正确与否的区分以及技术动作由哪些动作组成，如能够区分出篮球原地单手肩上投篮动作的正确与错误动作，并能够进一步提出改正的意见和建议，能列举出篮球传球动作的组合动作名称等。

（5）关于第五层次的"综合"，在体育教学目标中的体现是，如将篮球中的运球动作与原地投篮动作综合成一个新的动作组合，在比赛中遇到对方抢断的情况下急停跳投，反败为胜，赢得比赛。由此可见，"综合"这一层次目标的实现，需要学生对项目技术有相对较熟练的掌握，能将所学的常规动作组合成新的技术动作，且组合动作具有一定的连贯性和合理性，因此实现"综合"层次的目标需要学生有扎实的基本功和标新立异的个性及大胆出奇的创造性。

（6）关于第六层次的"评价"，在体育教学目标中的体现是，可以说出参加乒乓球运动对人身心健康的影响、知道大型篮球赛的价值和意义、可以对同伴所做的运动项目的技术动作进行评价或者进行自我评价等，由此可见"评价"是整个认知领域中最高的教学目标，它位于整个认知领域教学目标的塔尖位置，是其他五个层次目标的升华与提炼，其属于认知领域目标里的最高的目标，同时也是布卢姆教学目标中链接认知目标与情感目标的关系纽带。

（三）情感领域体育教学目标体系

继布卢姆提出认知领域的体育教学目标体系后，克拉斯沃尔对情感领域的教学目标进行了研究并将其分为了五大层次的目标体系（图5-4），这五大层次分别为：接受、反应、批判、组织以及价值的性格化。情感领域的教学目标主要是对学生情感、态度、价值观、兴趣等方面的培养。同理，情感领域五大层次的教学目标同样是由低到高、由简单到复杂、由小群体到大众化层层递进的，它是人在进行学习的过程中对知识进行内化、吸收进而导致自身价值观发生变化的过程。

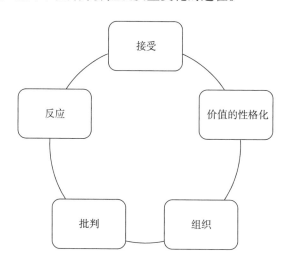

图5-4 情感领域体育教学目标

体育教学目标在情感领域方面的体现主要为以下五个方面：

（1）关于第一层的"接受"，这一方面的体育教学目标体现主要是，学生在通过教师的讲解与引导，愿意跟随教师做模仿、练习，如在教师讲解完田径里的三级跳远动作原理和进行动作示范后，学生自觉模仿教师的动作，并能够按照教师要求完成相关练习。由此可见在"接受"这一层面的体育教学中的所体现出来的是学生对教师具有感情色彩（如激励、激发、鼓励等）的教学刺激有所接受，并进一步作出了自己的反馈，如愿意听讲、专心观察教师的示范动作、完成教师所要求的练习量等。

（2）关于第二层的"反应"，这一方面的体育教学目标主要体现在，学生通过体育课堂的学习与练习，对该项体育项目产生了兴趣，在没有教师要求的情况下主动进行该项目的练习，或者经过练习获得了一定的技术后，积极参加该项目的体育比赛等。由此可以看出，"反应"层面的体育教学目标的实现高于第一层次的"接受"的体育教学目标，其主要体现是学生在学习方面的主观能动性，通过自身积极参与自己所感兴趣的体育项目，从而获得自身的满足和成就感。

（3）关于第三层次的"批判"，在这一层面体育教学目标的主要体现是，学生通过系统的学习后可以对自己或者同伴的行为（包括体育行为和非体育行为）作出判断并区分出对与错。例如，能说出自己所做的足球脚内侧运球技术是否正确、能告诉同伴的篮球传球动作是否规范、能说出在进行体育比赛观赏入场时不按照次序入场是否正确等，总之，"批判"层次的体育教学目标的实现，是教会学生做一个拥有正确的价值观，能明辨是非，可以判断正误的堂堂正正的人。

（4）关于第四层次的"组织"，体育教学目标在这一层次的主要体现是，在举行校级运动会时学生可以为了班级荣誉而加油、呐喊，或者积极拼搏为班级争得荣誉、在平常的学习生活中可以严格要求自己，不违反学校纪律、在平常的班会时间可以为了班级更好的发展而提出自己的意见和建议等，由此可见，在实现"组织"这一层面的体育教学目标主要是学生正确的价值观得到充分体现和进一步升华的过程，同时也是各类价值观等到整理和融合的过程，最终所有的价值观相互统一，融合为一个有机整体促使学生成为一个更优秀的人。

（5）情感领域最高层次教学目标——"价值的性格化"，其在体育教学中的体现主要表现为，实现这一层次的教学目标时学生已经完全形成了自身所专有的价值体系，换而言之学生已经达到了情感教育的最高层次，达到这一境界的学生可以做到按照已经形成世界观、人生观、价值观行事，同时在他们的观念里他们所遵循的价值观体系并不是一成不变的，而是随着自身的发展而不断更新，甚至会在发现错误时及时进行自我批评和改正，达到这一层次教学目标的学生，可以做到勇敢正直、明辨是非、不屈不挠、不骄不躁、不偏执等。

（四）技能领域体育教学目标体系

技能领域体育教学目标体系如图 5 - 5 所示：

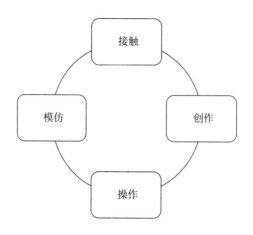

图 5 - 5　技能领域体育教学目标

通过对目前中小学教学目标体系的研究，发现在技能领域应用频率较高的行为动词有"接触""模仿""操作""创作"，这几个行为动词在体育教学方面的体现主要为：

（1）关于"接触"，是指学生可以领悟到教师讲解的技术原理和要领，并能说出、做出教师教授的体育项目的名称和技术动作。

（2）关于"模仿"，是指学生通过教师的课堂讲解和示范或者观察学习能力较强同学所做动作，可以将一些动作进行初步的模仿练习。

（3）关于"操作"，是指学生在"接触"和"模仿"的基础上，进一步进行深化的反复练习，从而使动作技能从"泛化阶段"到"深化阶段"转变，甚至达到"自动化"的学习程度。

（4）关于"创作"，这一层次的技能领域目标在体育教学中体现主要是通过技能的系统学习和练习达到"自动化"学习程度后，在进行技能的运用过程中可以将具有连续性，技能正迁移的技术动作组合起来，这个目标的实现甚至会出现在比赛过程中的一个瞬间，如足球比赛中运用武术中的后空翻动作与踢球动作组合，将足球射进球门等。

二、人本主义视域下乡村中小学体育教学目标改进

（一）注重体育教学目标的有效性

"体育教学在整个中小学教学中占有举足轻重的地位，不仅仅是贯穿学生上学期间体育教学的基础，也是目前素质教育大环境下不可缺少的内容"。[①] 在整个体育教学过程中，所有的教学元素最终的指向都是体育教学目标，因此体育教学目标的选择和设计应该注重其有效性，通过目标引领学生进行有效的体育知识、技能的学习并进一步依据目标对其进行评价。目标应该用一些描述性的行为动词来进行描述。例如，"学会""理解""应用"等词语。这些词语的对目标进行定位的同时也可起到预期学生学习前后的行为变化。在进行目标选择与设计时注重用词的概括性的同时还应注重用词的指向性。使一些隐性的、抽象的、笼统的目标变得可观察、可测量，通过学生的行为表现及具体的学习效果就能达到检验目标的作用。这在另一方面也是目标有效性的一种体现。

（二）把握体育教学目标的整体性

体育教师在进行课时教学目标的设计时要注意对教学目标整体性进行把握，不仅要从自身的教学经验和教学素养出发，还要针对学生的学习方面的全面性进行考虑，如所有的体育与健康教学目标都应具备认知目标、技能目标、情感目标三个维度的目标，同时还应该从运动参与、运动技能、身体健康、心理健康和社会适应四个方面的目标为出发点对课时目标进行精心的、全面的设计。在设计过程中要做到不偏不倚、全面考虑，只注重其中一个方面或者几个方面的目标的做法是不可取的，应该时刻保持体育教学目标的整体性。

（三）突出体育教学目标的主体性

体育教学目标的主体性主要是针对教学对象——学生而提出来的。因此在教学目标的设计过程中要充分考虑学生的主体性。尽最大可能将"以人为本"的教学理念融

[①]　杨忠健. 当前我国乡村中小学体育教学现状及对策研究 [J]. 中国科教创新导刊, 2012（18）：250.

入体育教学目标中进而渗透到整个教学过程中。教学目标主要面对和指导的是学生，在遵循"健康第一"的指导思想的前提下，课时目标的选择和设计要充分考虑学生的运动意愿、学习兴趣和学习需求。在学生学习知识、技能的前提下，促进其正确的价值观和健康的人生态度、习惯的养成，最终促进学生"全人"的发展。

（四）加强体育教学目标的解释性

在布卢姆目标教学体系中，其中对于目标的描述大多数是行为动词，如其中表示解释性的行为动词有"理解""掌握""应用""评价"等。由此可见体育教学目标尤其是体育课时教学目标主要是对体育教学过程进行解释说明；对教学效果进行度量测评。总而言之是通过行为动词对体育教学目标进行规定，进一步实现对教学行为的具体解释。例如，"理解"一词在体育与健康课中的含义，是要求学生对本节课所要学习的技术原理及对相关规则能够清晰明了的掌握，能够理解所学技术的基本原理，并在进行技术的学习和运用过程中能够做到融会贯通、灵活应用，因此目标的解释性不是我们平常所理解的一般性的"知道""了解"。

体育教学目标制定过程中对目标的解释性主要体现在对目标本身属性的解释。因此体育教师在进行教学目标制定过程中一定要注意用词的准确性、恰当性，总之所使用词语不能引起歧义。例如，在进行体育与健康教学目标的设计时，一些教师使用"学习""认识""观看"等行为动词作为体育健康教学目标的描述性词语，这就导致了目标设计的不规范，因为这些行为动词不能全面的体现体育教学课堂目标的内部属性和整体性，不能起到指导整个教学过程的作用，同时也不利于教学评价的进行。

（五）增进体育教学目标的交互性

体育教学目标设计的交互性主要是将体育教学目标与教学行为紧密联系起来，使学生在整个课堂学习的过程中对教学目标有清晰的认知和具体学习行为的体现，同时目标设计过程中交互性所有体现都是学生，因为学生是整个体育教学过程的对象，是教学过程的主体。体育教学课时目标可以通过行为动词的描述清晰的表现出学生学习的预期行为，在体育与健康课中对课时目标的描述可以是以下词汇，例如，说出、参与、模仿、做出、练习、帮助、复述、比较、配合、接受、记住、掌握、评价（包括自己和他人）、学会、辨别、比较等，通过这些词语的描述，促进课堂目标与学习内容相结合，使体育课堂目标具体化。

在体育与健康课中，课时目标的交互性主要是体现在"教师的教"与"学生的学"方面——"学什么""怎么学"等。例如，某中学教师在进行田径运动的体育教学目标设计时，对课堂目标是这样设计：目标主要包含认知目标、技能目标，情感目标三方面的目标；其中认知目标是，了解什么是跳高运动，掌握跳高运动的技术原理，知道跳高运动的比赛规则；技能目标为，经过课堂的学习、模仿和练习，基本了解跳高运动中的跳跃位置所在，并学会正确的跳跃方法，通过练习发展力量（爆发力）、柔韧、协调能力；情感目标为通过学习，逐步培养体育兴趣，增强团结协作精神以及培养其克服困难的能力。在实现本节田径课课堂目标时，其一系列行为动词的主要行使者是学生，但是在进行体育教学目标的设计时教师将这一主语全部省略，并未列举出来，由此可见，跳高运动是总的教学目标，相对来说比较笼统和宽泛，而具体的教学目标是通过一系列的具体的学生课堂行为来实现的，例如，"了解""掌握""知道""学习""练习""模仿""培养"等这一系列的具体的行为动词表现出来，使得教学目标变为可以观察可以测量，可以评价的具体行为。即学生可以做到以上行为，同时教师也可以根据自己的观察来判断学生的行为是否达标。

综上所述，进行体育教学目标选择和设计时，行为动词的选择是一门学问。体育教师能否选择恰到好处的行为动词对教学目标进行阐释、说明直接关系到教学设计的质量好坏，教学过程是否能够顺利进行以及教学效果能否很好的实现。因为关于具体的体育教学课时目标的设计新课标并没有做明确的规定，所以体育教师在进行体育教学目标的制定时，应该通观全局将体育教学目标各层次目标之间的关系研究透彻，在目标设计过程中，做到取舍有度、精炼明确，从而使课时目标起到其良好的教学作用。

第二节　乡村中小学体育教学中学生创新能力的培养

一、创新能力及其培养关键期

（一）创新能力的因素

学生的创新能力，是学生积极主动寻求创新方法并能够创新性解决问题的能力，具体因素（图5-6）包括：

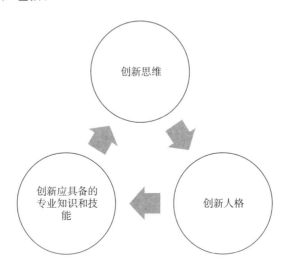

图 5-6 创新能力的因素

（1）创新思维。创新思维是"人脑对客观事物创新性的概括反映"，在创新能力的构成要素中处于核心地位。创新思维是一种综合性概念，包括发散思维（又称辐射思维、求异思维、扩散思维），聚合思维（又称辐合思维、集中思维和收敛思维）等。它的表现形式或是具有"冲动性"，如灵感、直觉等，或是具有"批判性"，如反思、质疑等。

（2）创新人格。创新人格是"具有进行创新活动倾向的各种心理活动的总和"，是一种积极追求创新的心理特征，包括创新意识和创新精神。创新意识，是人脑受到外界事物不断变化过程中的刺激，产生自觉主动想要改变外界事物客观状况的创新意愿和革新欲望，由好奇心、求知欲、怀疑感、问题意识等因素组成；创新精神是创新活动完成过程中的支柱和动力支持，它是人们在解决问题的过程中敢于质疑、勇于革新创造、乐于突破自我的一种心理特征，也可看作是创新活动中不满足于已有现状，并积极要求运用知识和方法提出新的规律的意志、勇气、信心等，以及专注于完成突破的人类所独有的心理特征。

（3）创新应具备的专业知识和技能。创新应具备的专业知识和技能是创新能力发展的基础，是指有助于创新活动开展的知识和技能。知识是人类在生产实践中产生的经验认知，技能是对知识的获得、认知、使用和转化。创新应具备的专业知识和技能是学生自我建立存在"逻辑联系"的知识体系，并能够将其转化为一种有利于创新活动开展的能力。

创新能力培养是通过创设良好的客观环境对学生进行培训和引导，使学生掌握创新性解决问题的能力，并在此过程中形成自主寻求创新的意愿和习惯。

（二）创新能力培养的关键时期

1. 创新能力培养的快速上升期

中学阶段是青少年创新能力发展的快速上升期，因为中学生所处的身心发展阶段，是儿童走向成熟的阶段，是从波动开始趋于稳定的时期。这个时期的学生已经开始形成了对周遭事物的独特想法，有自己看待世界的独特角度，具有其自身特殊的规律。各个阶段因学生自身身心发展的具体状况，认知水平的高低以及教育阶段的不同要求和特点，对于学生创新能力培养内容和方式上侧重点有所不同，学生自身的创新能力也呈现不同的发展特点，把握中学生的创新能力发展的特点可有效促进中学生创新能力的形成和发展。

纵观对创新能力培养方面的研究，可以发现个体创新能力的发展是一个随着年龄增长而逐渐趋于成熟和完善的过程，但这一过程是曲折向上的波浪线。在中学阶段，学生的创新能力呈现波浪式上升的趋势，较之小学阶段上升的速度更快，变化更多。快速上升基本开始于初二阶段（15岁左右），并逐渐上升至中学阶段的第一次高峰，随后在初三和高一阶段呈短暂的下降趋势，完成第一次创新能力发展的高潮期。而后在高二阶段再次快速上升至第二次高峰，并较之前创新能力发展更为突出，高三会略有回落，完成创新能力发展的第二次高潮期。

中学生身心特点逐渐靠近成年人的特征，但是又比青年热的经历更加旺盛，最为突出的是好奇心和求知欲更是表现强烈。如此突出的特点，和旺盛的精力，决定了中学阶段是创新能力发展的最好时机。在中学阶段，创新能力的发展开始逐渐趋于创新思维和创新人格的形成，以经验型为主的抽象思维的认知方式初步发展并开始占据优势地位，学习的动机与方法也逐渐趋于主动。随之学习的深入，中学生的创新能力不断发展，并具有主动性和有意性的特点，学生开始主动寻求新思路、新方法，能够运用自己的创造力去解决新问题。把握中学阶段创新能力发展的快速上升期，不仅仅是强调培养创新能力的时间问题，更重要的是要有针对性地培养创新能力构成的具体内容。

2. 创新能力培养的最佳时期

创新能力是一种复合能力，涉及因素是要相互协调，互为促进。中学阶段学生的自我意识开始觉醒，批判思维、辩证思维等也有了显著的发展，个体开始了迈向"成熟"的蓬勃式的成长。在心理发展的方面，思维方式和人格发展出现了异于其他能力要素的明显特征，即人格形成的加速期和思维发展的高峰期。把握中学阶段创新人格和创新思维形成的"最佳时期"，有针对性地培养创新人格和创新思维的具体内容，为未来高等教育阶段创新能力的发展和学生创新成果的转化，达到"事半功倍"的效果。

创新能力培养的最佳时期，如图 5-7 所示。

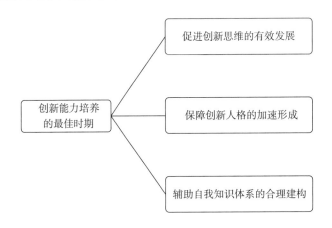

图 5-7 创新能力培养的最佳时期

（1）促进创新思维的有效发展。"思维"是人脑对于客观事物的映射、复现、凝练与结晶的思虑活动。思维是人类看待问题、解决问题的方式，所以说具有创新性的思维，就会拥有创新的眼光看待问题，产生全新独特的方式解决问题。具有创新思维可以让学生能够突破常规的思维方式的束缚，积极主动寻求独特的创新的解决问题的方法。创新思维是一个综合性的概念，包括逻辑思维和非逻辑思维、反向思维、形象思维、抽象思维、多向思维、批判思维、收敛思维、发散性思维等，但主要是发散思维和收敛思维的辩证统一。

每种思维的形成发展都有其发展的关键时期，中学阶段对于创新思维的形成来说具有重要作用，是其发展形成的高峰期。创新思维需要正在后天人们接受教育教学中，将已有的社会经验进行有效"扩展、修正、联结"时，创新思维才会产生。对于创新思维的形成和发展首先就是要在中学阶段，分层培养不同的思维方式，促进创新思维的形成。

1）最基本的逻辑思维，即在创新活动中思维是按照一定的阶段性来思考问题的，表现出具有逻辑性的思维步骤。逻辑思维逐步引导学生对已有问题运用概念、做出判断、逻辑推理，最后得出结论。但是需要训练中学生的直觉思维能力。直觉思维是不受逻辑推导规律所限制而能够直接领悟问题本质的一种跳跃性思维。

2）关键的发散性思维和辐合性思维。在创造性思维中，"发散"和"辐合"的结合是分析到归纳的过程。创新实际上是从发散到辐合再到发散的多次循环过程。在这个过程中，发散阶段起着关键性的作用，是创新的触发剂，但离开辐合的过程，发散最终可能是一无所获的。在中学的教育教学过程中，学生是主体，教学活动的开展要以学生的认知为前提，学生的认知规律决定教学活动开展的程度。创新思维可分为三种不同的层级结构：批判—反思—开拓。这三个层级形成了一个由易到难、由低到高、由具体到抽象的创新思维结构体系。而在中学的教育教学过程中，逐步提升学生的认知层面，提高学生认知的程度，以此来促进中学生创新思维的有效发展。

（2）保障创新人格的加速形成。学生的创新人格是通过后天培养的，其中关键在于为学生提供合适的教育环境条件。对于创新能力培养的内容和方式，主要针对的是中学生的身心特点而确定的，在中学阶段，学生是刚刚平稳度过儿童期，刚刚进入少年期的少年们，身心都发生了巨大的变化，并且变化得非常快，学生自己也并不能很好的控制和捉摸，甚至会让学生产生一定的恐慌。对于这一表现，我们要认识到这一"反抗精神"背后的积极意义，并引导学生在这加速期完成创新人格的形成。

创新意识是学生创新的意愿，由好奇心、求知欲、问题意识等因素组成。问题意识是创新能力发展的起点，如同创新活动的开关，学生具备问题意识则能产生创新意识，具有创新意识则能够运用创新思维来思考问题，并动手解决问题，从而具备创新能力。而问题意识的起点在于好奇心和想象力，好奇心和想象力是创新能力发展的开端，没有对事物的好奇心和想象力就没有创新的眼光去看待问题。

高中阶段的学生认知水平和知识的储备都相较于初中阶段提升了一大步，这不仅是因为前期义务教育阶段知识与能力的培养，也是因为生理和心理上的成熟。这一时期是培养学生自我教育能力的重要时机，也是重要的加速阶段。教育在这个过程中，要积极的帮助学生形成正确的自我认识和自我调节的能力，要树立学生的信心和促进对学习的热爱。高中阶段是人生定向的一个重要时期，人生中许多重大的决定都是在这一阶段开始逐渐选择的。因此，这一阶段对学生创新能力的培养重点在精神世界和对能够改变外界事物的实践能力的培养。

创新精神是一种想要突破、改造、革新的意志和精神。实践能力，是对创新能力的物质转化。在学校里，对于学生来讲最重要的就是学习，这是学生掌握知识和提升能力的主要手段。虽然学校的主要活动是教学，但是学生最终的知识积累和应用体现于学生的学习。动手或者说实践能力的培养，知识的积累需要自身的学习，但是知识的内化过程需要学生自己动手实践来完成。

创新意识是创新活动发展的起点，创新精神是创新活动的主要推动力，让学生有强烈的渴望能够发现新想法、解决新问题，面对创新活动中的种种挫折能够站起来，再次投入到创新活动当中。中学阶段，随着学生身心发展的成熟，创新人格的培养迎来了其"加速期"，在这一重要时期保障创新意识和创新精神的形成尤为重要。

（3）辅助自我知识体系的合理建构。培养中学生的创新能力，最终目的在于使学生能够养成自主寻求创新性解决问题的能力。在解决问题的过程中，创新思维如同工具，创新人格如同支撑动力，而创新应具备的专业知识和技能则是最重要的原材料。高质量的专业知识与技能是学生创新能力发展的有利条件，只有学生将知识掌握了，成为自己的东西，才能随时可以自由、有效的使用。

中学阶段的知识内容丰富，体系繁杂，各学科之间的内部联系，是在中学阶段的教育过程中，由教师引导学生、辅助学生把所学的知识建立一个知识网络，一个具有逻辑联系的架构化知识体系。这些专业的知识和技能被学生内化后，纳入一个更为广泛、更易理解、更具实用的知识体系中，使知识回归至生活，降低了知识的等级，增强了知识的实用度，提高了知识使用的灵活度，从而使思维更加活跃，而思维的跳跃性越强，创新的可能性也就越大。

个体自身的发展可以由自身来调节，其主要的方式就是判断个体自身行为是否达到内心标准并以此来对自己进行赏罚。然而学生在学习过程中并不具备这种应对学习的自我调节的能力，往往满足于外界的条件，而教师要做的就是教授学生掌握这种自我调节的能力，并指导学生在不同的社会以及学习过程中合理的使用这种能力，并形成一种习惯。学生具备这种自我调节的能力，在教育教学的过程中，可以有效地帮助学生对自身的学习成果有自我的判断标准，进而并不满足于已有的学习成果和现状，以此引发自主的学习和实践，来达到自身的心理标准，从而内化自己的知识，建构自我的知识体系。内发的动力是促进学生学习和实践最有效的保障，培养学生的创新能力，一定要辅助学生建构自我的知识体系，以保障创新活动的永恒动力。

二、乡村中小学体育教学中学生创新能力的培养对策

（一）加强教师的能力提升

（1）体育教师要树立终身学习的观念，开阔自己的知识面，丰富自己的技术，保持较高的业务能力，为培养学生创新能力提供助力。

（2）学校和地区主管部门要结合实际情况多开展和组织相关创新能力培养的知识的学习和教研，提出具体的针对性的建议并指导体育教学的创新能力培养中，这样，体育教学中培养创新能力的体系才能有效建立和发展起来。认识创新能力培养的规律，了解和掌握创新的有关方法和技巧，提高创新能力的培养效率。

（3）体育教师是体育教学活动的主导者。教育思想的执行、教学目标的制定、教学内容的选取、教学方法和教学手段的运用、教学模式的搭配等都需要体育教师来完成。因此，在体育教学中能否有效地培养学生的创新能力，教师起到了关键作用。

（4）构建和谐师生关系，创造良好的课堂气氛，创设能够引起学生兴趣和引发学生创新思维的教学情境，鼓励学生对问题答案的探索。尊重学生学习主体地位，和学生平等交流，努力创造良好的课堂气氛，消除学生的紧张和惧怕心理，解放学生的思想，开阔学生思路，让学生集中精力学习和创新。

构建有利于师生参与创新的课程环境，培养学生通过各种体育活动发现问题、分析问题、解决问题的能力，挖掘学生的创造潜能，开发学生的创造力，培养学生创造性学习的教学活动，通过各种教学手段展现情景，以图画、录音、录像、多媒体再现情景，以音乐渲染情景，以语言描述情景，从而激发学生的创造情趣，促进学生全面素质和创新能力的提高。

（5）利用问题培养创新能力，利用问题培养创新思维。教师提问体育教学中不可或缺的组成部分，其对培养学生的创新能力有着积极的作用。在体育教学过程中，教师根据教学内容、学生的能力与当时的情景灵活巧妙地提出问题，不仅能激发学生的兴趣和求知欲，更能引发学生的思考。值得注意的是要培养学生的创新能力，教师所

提的问题，应该是开放性的能激发学生发散性思维的问题，让学生在解决问题的同时提高创新能力。

（6）创设情境培养创新能力。在体育教学过程中有意识地引入或创设具有情境色彩和形象生动的具体场面，通过各种教学手段以生活展现情境，以实物演示情景，以图画、录音、录像、多媒体再现情景，以表演体会情景，以语言描述情景，从而激发学生的创新情趣。学生在情境的引导下能更好地想象和扩散思维，激发创新。

（7）自主创编体育游戏。体育游戏是常见的体育教学内容之一，因其娱乐性、健身性、竞争性等深受中小学生的喜爱。体育游戏是包含了许多可变换的因素。让学生自主创编新的或改进已有的体育游戏，可以激发学生的兴趣，也能有效地促进学生创新能力的培养。

（8）教师与学生合作开发体育教学新资源。体育教学资源的开发过程其实就是创新的过程。课程资源的利用和开发使得学生的选择学习的空间增大，学生完全可以根据自己的兴趣爱好、学习基础等选择自己喜爱的内容和方式进行学习，这不仅调动了学生学习的积极性和主动性，也培养了学生的学习兴趣。

在课程资源开发的过程中，学生不仅有对新知识新事物的探索，对已有相关知识和技能的加工、迁移和应用，更有亲自动手实践验证，这些都是创新能力不可缺少的。对体育教学资源的开发有对有限的场地器材的深度开发，有对已有知识和活动的开发，有对新兴体育项目的开发，也有对当地特殊的文化和地理环境的开发。因此，体育教学资源的开发和利用为创新能力的培养提供了广阔的空间，也是创新能力培养的有效途径。

（9）体育教学评价体系的创新。教师的体育教学评价须设立能够激励学生进行创新的评价项目，让学生积极参与，提高体育教学中的学生创新能力的培养效率。

（二）突出学生的主体培养

培养学生的创新能力，确立体育教学中"教师主导，学生主体"地位的思想，注重学生的个体发展和集体发展，确保师生之间的平等地位等，这些观念都须要体育教师在思想上有深刻认识。

学生是体育教学活动中的主体，学生在课堂上除了身体的实践外，还应勤于动脑、善于思考，积极参与课堂讨论，分析问题，利用多种信息丰富自己的头脑，开阔视野。

学生的积极性对创新能力的培养都有积极的作用，如果这时候教师对其行为能够鼓励和肯定，那学生劲头更足，更有利于创新能力的发展。

体育课对于学生来说是一个特殊的体验过程，不但有学生的思想活动，有学生的情感活动，更有学生身体的体验活动，其为学生提供了一个开阔的活动的环境，学生在这样的环境下有更多的感知可以来诱发创新思维，更有利于创新实践能力的培养。

在制定体育教学计划时设立培养学生创新能力的目标，选取适合完成这个目标的教学内容和教学手段，并切实将体育新教学思想和教学观念与实际教学集合起来，在体育教学中教师要意识地去引起学生创新的兴趣，激发学生的创新思维，引导学生创新。

（三）建立科学的评价体系和激励机制

准确的教学评价能够诊断教学过程中的问题，调动学生学习的积极性和检验教学成果。体育教学中在对学生创新能力培养的过程中，合理的、多维度的教学评价能够给予学生信心，激发学生的兴趣，充分调动学生创新的积极性；而单一的、无针对性的评价使得学生没有成就感，继而失去创新甚至学习的兴趣。因而，培养学生创新能力的过程中建立多层次、多维度和针对性的评价体系非常有必要。

根据当地实际情况，结合体育教育教学现状、学生学习现状及学生发展规律，依据创新能力的四个维度——创新的动机和意识、获取知识信息的能力、创新思维能力和创新实践能力，建立科学的体育教学中培养创新能力的评价体系。

建立学生创新的激励机制，如开展有关创新的比赛等，激发学生创新的积极性，体验创新的乐趣和收获。

（四）加大教育主管部门的监督与管理力度

教育主管部门要出台相应的制度和政策，保障体育教学正常进行，杜绝占用体育课现象；加强对体育教学的管理和监督，调动体育教师的积极性，让体育教学保质保量。

借助当地的新乡村建设，加大对体育教学的投入，修缮体育场地和添置必要的器材，为学生创新提供有利条件。硬件设施的提升，开阔学生的视野和知识面，促进学生对体育相关基础知识和技能的掌握，为学生创新提供广阔的思路和方向，为学生创新实践搭建良好平台。

（五）保障学生创新能力培养的长期有效衔接

在对学生创新能力培养的政策和实践的研究中发现，作为能力培养的衔接，不仅仅是内容的关联性问题，更为重要的是意识到创新能力培养需要长期的培养，需要对整个过程的持续性给予保障。中学阶段的创新能力培养的情况，直接影响高等教育阶段创新人才选拔和发展。

1. 建立终身电子档案

建立学生的终身电子档案，就是要利用未来人工智能领域的大数据库的建设以及信息共享，将学生自入学以来，或者更为提前的时期的成长情况，以数据的形式记录下来，并上传于云端。这是在学生发展过程中的描述性分析，主要关注的是学生发展的潜质和具备的能力。

电子档案中对于各个学习阶段的记录的主要内容也要有所侧重，初中阶段学生年龄偏小，认知水平有限，但是相较于小学阶段的儿童具有更强的思维能力和学习能力。学生逐渐形成自我精神上的独立和自由，也会出现叛逆的心理，好奇心旺盛、求知欲强烈，最为突出的是学习迁移能力，并且思维更为抽象，逻辑推理能力增强，概括的能力也有所提升。个体之间的学习差异性开始显现，学生开始慢慢形成自己的学习方式和学习倾向，关乎创新能力发展的创新思维将在初中阶段开始完成转化。因此，在初中阶段要着重考量学生的问题意识和创新思维的转化。

创新精神是学生在创新活动中一种想要突破、改造、革新的意志和精神，实践能力是想象力最终变为现实的保障。因此，在高中阶段要着重考察的是学生的创新精神和实践能力。而高等教育阶段对于创新能力的培养有了质与物的检验，"质"体现在学生能否创新性的学习，能否进行自主的发展，"物"则体现在创新成果的转化创新的观点、专利或是创业的项目等。

同时，终身电子档案需要采集信息的方式也更加为多样和科学，全面和有效。终身电子档案采集对象覆盖大，采集时间持续久，采集手段多元。理应成为学生升学、招聘、学位申请、升职加薪等各个方面联系紧密的最重要的标准之一，甚至可以进行学生未来发展的规划和预测。终身电子档案对于学生自身的人生规划有很好的借鉴意义，对学校录取学生过程中也有更为科学的数据依据，而对于创新能力的记录和预测则是该档案一个重要的组成部分。通过对学生创新能力的记录和预测，体现学生创新能力发展的过程，促进学生创新力水平的提升，保障在各个阶段创新能力培养的培养目标和培养手段的有效衔接。

2. 改革考试招生方式

学生创新能力培养的有力保障在于对招生考试的改革，尤其是在中考和高考中着重考察学生的创新能力，以此做好初中与高中，高中与大学创新能力培养的无缝衔接和长期有效。在这两条路上要分别有针对性的考量学生创新思维、创新人格、创新应具备的专业知识和技能。

明确的是"招生考试"与"创新能力培养"之间是互为保障的关系。创新能力是人才构成的重要因素，是人才培养中重要的环节，作为重要的考察内容，恰恰突破了人才培养和选拔的瓶颈，形成了具有多元性和全面性的人才评价机制。创新能力的提高保障招生考试选拔的人才更加具有发展性，达到选拔人才的目的。招生考试的具体做法可以从三方面入手：①给予具备创新能力的学生在高校自主招生、中考、高考等一定的政策优惠；②通过学分认定将中学阶段先修课程的学分与大学阶段的学分互认；③可以建立小学—初中—高中创新人才培养的定点衔接，将具有创新能力发展潜质的学生的培养实行一体化教育，提高创新能力培养的衔接性和长期性。

中学阶段是学生自主发展、个性形成的关键阶段，在学生创新能力的培养中起着承上启下的作用，创新能力的培养需要大学与中学联手，共同为创新能力的培养提供条件，将创新精神、创新理念渗透到中学教育中。

第三节　乡村中小学体育教学中师资队伍的建设路径

体育师资队伍的建设需要体育教师的专业化，教师职业从经验化、随意化到专业化经历了一个发展的过程。"当今社会，人们已经把注意力从能不能上学转移到了追求高质量的教育上，对于高质量教育的需求与日俱增，因此，师资队伍的更新换代和质量提高变得非常迫切。"① 要求高质量的教师不仅是有知识、有学问的人而且是有道德、有理想、有专业追求的人，不仅是高起点的人而且是终身学习、不断自我更新的人。

一、转变领导观念，重视教师教学教研活动

乡村中小学体育教学是调节学生心理，促进学生全面发展的重要课程。体育课程的发展，除体育教师勤勉工作外，更重要的是学校领导对体育课程的支持，组织学校领导认真学习素质教育理论和各种文件会议精神，树立素质教育的观念，认识到德、智、体全面发展的重要性。

师资队伍建设是一项长期的、系统的工程，抓好师资队伍建设是全面提高教育教学质量，提高学校核心竞争力的关键。作为一个教育管理者，在师资队伍建设上，只有树立忧患意识、竞争意识、创新意识，才能在教育改革和社会发展中，将学校的核心竞争力保持在较高水平。认真贯彻落实实施细则，树立"健康第一"的指导思想，切实加强体育工作，并将其贯彻到学校体育整个过程中去，全面评价学校体育工作。

各级教育主管部门，要在体育经费方面有所倾斜，创造良好的客观条件，搭建教师教学教研活动平台，丰富体育教师的教研内容，加强管理，为体育教师创造良好的环境。乡村中小学的体育教学要根据社会发展和学校体育改革的需要提高教学工作能力，提高科研能力。下面以教案为例，解读搭建教师教学教研活动。

（一）教案的意义

体育课的教案在不断的改革，它的格式内容都在改变。体育课教案有两种：①理论课教案；②实践课教案。虽然它们的格式不同，但具有大同小异的基本要求、流程、手段。在对体育教案进行编写时，体育教师应对教学的要求、过程、组织、重难点、目标，以及辅助和诱导练习，形成全面而深刻的认知。

在一节体育课教学中，所能实现的标准和结果，即教学目标，主要由四个方面构

---

① 唐松林，聂英栋. 超编与缺人：农村中小学师资队伍建设面临的一大难题［J］. 河北师范大学学报（教育科学版），2012，14（10）：55.

成，即培养能力、发展身体、情感、知识。一项身体练习的技术基础，即动作要领。在对体育教案进行编写时，以动作要领来介绍新教材的技术动作，或简述某项身体练习的具体步骤；以动作要点来阐述复习教材的技术动作。

为使教师更好地对整个教学过程加以把握，教学步骤对教师提出了在教案中详细展示具体课时所选择的具体教学方法。对于学生，教师所提出的基本要求，即所谓教学要求，主要由课的组织、保护帮助、执行课堂常规、动作的质量等方面的要求构成。

（二）中小学体育理论课教案的编写

（1）对教学目标形成准确把握。理论课的教学目标，应遵循科学、全面、具体等原则，综合考虑学生的实际接受能力，以及教材的特点、本课的教学内容，来制定教学目标。

（2）对教学的重难点进行划分。一般而言，理论课教学都以教材为中心，所以教学重点的确定，要以教材的重点为参照。作为达成教学目标的关键所在，教学重点指的是在教学过程中，需要格外关注的节点，通常为教学目标涉及的知识点、技能点。而教学的难点是教师教学难度大、学生理解和掌握难度大的部分，对此，教师应更加细致地讲解。

（3）对教学方法和过程进行设计。在教学方法的选择上，应以学生的水平、教材的特点、教学目标为主要依据；而教学过程的设计应细化到教学的每一个细微环节。应改变传统的满堂灌的做法，以启发式教学为主，同时发挥教师和学生的主导性，引导学生充分发散思维、大胆发言。在提问过程中，应紧紧围绕教学重点，注意问题难度的合理性，同时，要耐心地解答学生的疑难之处。所以，对于所传授的知识，教师应首先进行自我学习，并核实所引用的资料，务必在自己完全吃透的情况下，再向学生讲授。

（4）课堂板书。在课堂教学中，板书最能够展示教师的教学意图，因此，一定要做好相关设计工作：注意板书的条理，力求做到正副板书间的协调性，利用精炼到位的板书，促进教学效果、学生学习效果的提高。

（5）课后小结。在结束某个课时后，教师往往能够从中总结出部分需要改进之处，对此，教师的课后小结非常有必要，一方面能够帮助教师更好地总结教学经验，另一方面也能从某种意义上促进其业务水平的提高。

（三）中小学体育教师体育实践课教案的编写

在格式和写法上，实践课具有多样化的表现，简而言之，可分为表格式、文字叙述式两大类。通常而言，表格式教案具有较大的书写难度，但因为其填写完全以表格为依据，具有较高的清晰度，便于查阅；而相比而言，文字叙述式教案的书写难度较小，以课堂进展为书写依据，但清晰度稍显不足，因此，现阶段大部分教师更倾向于使用表格式教案。在体育教学改革持续推进的今天，还涌现了丰富多样的新教案形式，如图表框架式、卡片式等。无论如何，教案的编写都应遵循简明、清晰、重点突出的原则。

（1）对教学目标加以确定。在确定课时目标时，应以单元教学目标为总体导向，同时兼顾课本教材提出的重点、难点，当然也要符合大部分学生的具体情况。

（2）从组织教法、内容上，进行设计。在教案的编写过程中，这是最主要的部分，一般在书写前就要做好设计。在设计组织教法时，需考虑兼顾的内容包括，如何对组别进行划分，如何确定分组轮换；为保证练习效果，应如何确定队形和具体步骤；怎样快速调动学生队伍；怎样对有效的练习资源加以合理利用，达到最佳训练效果；教师如何对学生进行指导，使其更好地参与到学习中。

对课程的内容进行设计时，要对基本部分的教材加以统筹，若某课时的教材内容超过两个，就要做好顺序的规划，同时，划出教学的重难点，并以其为依据，对具体的辅助练习、诱导练习方法加以选择。在设计好基本部分的前提下，结合具体情况的要求，对放松练习、准备练习加以设计。

（3）在练习次数和时间上，对各项内容做出科学规划。以在整个课时中，各个部分的不同功能，来确定其练习时间。比如说，在一节为时四十五分钟的课上，一般安排八到十分钟来做准备练习，安排三十分钟来进行基本部分的学习，其余时间则用来做放松练习。在各项练习活动中，各学生练习的次数，即所谓练习次数。在对练习次数进行设计时，应充分考虑每项内容的教学时数，以及课的组织的具体要求，同时要尽量避免练习次数过于饱和的情况的发生。

（4）从练习密度、生理承受力的角度入手，做好课的设计。在对课的练习密度、平均心率、最高心率、脉搏曲线等进行规划时，教师应充分考虑大部分学生的实际水平，以及当时的天气状况、场地情况。

（5）从用具、场地器材等方面，做好课的设计。对于这一点，为更好地开展准备工作，应注意考虑现有的器材及场地条件，并将所需的用具的规格、数量等，以及场地器材都写入教案中。

（6）课后小结。对于一个完整的教案来说，课后小结具有不容忽视的意义。为促进教学质量的进一步提高，以及为后续教学提供参考资料，在课时结束后，应将本课时的优点和不足、教学目标的完成进度等，都在教案中做好记录。而在某种情况下，课后小结也被人们称为课后反思。

总之，教案是体育课堂教学的准备和预设，是实施体育课堂教学最基础的教学活动。一堂优秀的体育课肯定有一个完善的教案来支撑，提高教案质量，也是提升教师教学业务水平的主要途径。

二、提高教学胜任力，构建高素质师资队伍

在教育全面发展的大环境下，提高体育教师教学能力是一名合格体育教师的必然要求。中小学体育教师教学能力的大力提升，这必将对中小学体育师资队伍的质量建设、中小学校体育教育的改革与发展具有十分重要的意义，也有利于满足当前教育环境下学生及家长对于体育课程的新要求。因此，增强中小学体育教师的教学胜任力早已成为增强中小学体育教师教学能力中最为重要的研究问题之一。

（一）体育教师教学胜任力的构成维度

体育教师教学胜任力是指体育教师在教学活动中，为高效完成教学任务所需的知识素养、教学能力、职业品格和个人特质等胜任特征的总和，这四个胜任特征构成了体育教师教学胜任力的基本维度，也是影响体育教师成功完成体育教学的基本因子。体育教师教学胜任力的构成维度，如图 5 - 8 所示。

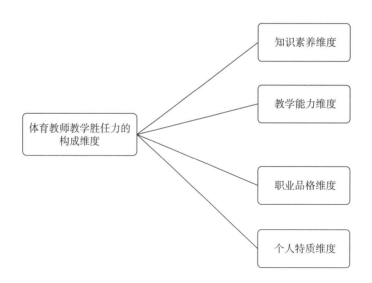

图 5 - 8　体育教师教学胜任力的构成维度

1. 知识素养维度

体育教师的知识素养是指体育教师通过体验、反思和领会所拥有的关于体育学科和体育教学的实效性知识，包括体育学科知识、体育教育知识、通识知识。作为体育教师教学胜任力的基石，知识素养要求体育教师不但要掌握知识，还要熟练运用知识。

体育教师掌握的实效性体育专业知识要比学生更加具有广度和深度。广度是指体育教师除了具备基本的学科知识和教育知识外，还应该涉猎一定的通识知识，将体育教育与人文教育进行结合，以适应现代社会的多元性，在体育教育的基础上进行多方位育人；知识素养的深度是指体育教师掌握的知识应该具有高度和精度，通过深入浅出的运用在体育教学中进行高效产出，并在深入理解的基础上进行研究和创新，从而提高体育教学的实效性。总之，具备广度深度兼顾的专业知识既是体育教师成功胜任体育教育教学工作的前提，也是体育教师专业健康有序发展的核心内容。

2. 教学能力维度

教学能力关系到教师能否成功开展教学活动，良好的教学能力能够帮助体育教师合理安排课堂，调动学生学习兴趣，助推教师胜任力，实现体育教学效果最优化。体育教师若想达到这种教学效果，既要考虑到教学前的钻研与设计，又要考虑教学中的课堂表演与调控，还要考虑教学后的总结与评价。推动学校体育教学发展的关键是体育教师，体育教师掌握好教学能力并有效开展体育教学是保障学校体育有序发展的根本手段。

体育教师提升教学能力是一个螺旋上升的过程，体育教师要学会通过不断的反思与实践，努力对体育课堂教学产生新的理解并获得专业的成长。所以，体育教师掌握和运用教学能力的过程也是体育教师专业化成长的过程，其过程应具备教学能力发展意识，通过制定教学能力发展规划，经常性地对自身开展教学能力评价，有效地助推体育教师教学胜任力可持续发展。

3. 职业品格维度

优秀的职业品格包含良好的职业操守和出色的个人品质。体育教师职业品格是指从事体育教育职业生涯中所应具备的职业素养和人格特征，具体表现在体育教师的职业责任、职业理想、职业态度、职业习惯、道德品质等多个方面。

优良职业品格的体育教师是具备崇高的体育教师职业理想、高超的体育教育智慧等品格的，会追求真善美于一体的教学风格让学生更好地掌握体育知识和运动技能，还能不断地进行体育教学改革和创新，孜孜不倦的追求体育教师职业信念，且还能用自身的体育教育智慧及时处理好课堂中的体育教学信息，对体育教学过程出现的问题进行反思和总结。

一个优秀体育教师的养成不仅仅是建立在理论知识的累积上的，更需要职业品格的塑造和陶冶。正直的职业良心和端正的职业态度是体育教师基本价值观塑造的基础，崇高的职业理想和不息的职业追求是体育教师进一步发展的动力。而高尚的道德品质和独特的个人魅力更是贯穿体育教学始终，引领学生成长，催化健全人格的生成。因此，优良的职业品格对促进体育教师胜任体育教学具有重要的现实意义。

4. 个人特质维度

要想成为一名成功胜任教学的体育教师，要在体育教学过程中不断改进体育教学方法，不断提升自身的体育教学能力。在体育课堂实践中，结合学生体育学习的实际情况，灵活运动并不断培养自身的个人特质，并在体育教学过程中对自身的身心状态及时进行调整。

体育教师在体育课堂教学过程中，应积极地运用个人风格、兴趣才能、情绪情感等个人特质，有效优化体育课堂教学环节，构建体育与健康课程内容体系，打造体育课堂师生成长共同体，有序提升体育教师的教学胜任力。

（二）体育教师教学胜任力的价值

体育教师教学胜任力的发展是其体育教学水平的丰富，也是体育教学知识和能力的构建与完善。从体育教师教学胜任力研究的价值意蕴来看，在凸显学校体育教学质量与学生体育学习成绩、了解和评价体育师资队伍现状、科学认识和提升体育教师教学胜任力、拓展体育教师胜任力模型及胜任力理论等方面具有不可忽视的作用。

1. 影响教学质量与成绩

学校体育目标的实现离不开体育课堂教学，而提高体育课堂的教学质量历来是体育教师应关注的重点。学生的体育学习成绩又与体育课程教学有着密不可分的联系，在很大程度上反映了体育教师的教学水平和教学质量。

随着新课程标准的逐渐深入，体育教师只有通过不断的学习和反思，才能适应体育岗位所带来的胜任要求。体育教师不仅仅要从知识和教学的角度不断提高，而且还要从教学能力、个人特质等方面来提高自身教学素养，从而达到提高学校体育教学质量以及学生体育学习成绩的目的。

2. 了解与评价教育管理部门

体育师资队伍现状提供路径支持教育管理部门源于体育师资队伍教学现状的了解才能精准提供路径支持，而对于体育教师教学现状的了解源于对体育教师常年的教学经验与相应的情景调研。

体育教师教学胜任力是可测量和观察的，通过测量对比胜任体育教师的工作要求，确定自身的专业发展目标，引导体育教师走规范化、专业化发展之路。对体育教师教学胜任力进行研究还可以为体育教师的自我反思与成长提供素材，可以帮助新入职的体育教师找到与被评为"胜任"体育教师之间的差距，参照"胜任"体育教师的优点，仔细琢磨自身的教学缺陷，让"胜任"体育教师为自己树立标杆。

总之，研究体育教师教学胜任力，能够帮助教育管理部门了解和评价体育师资队伍的整体情况，揭示了体育教师在体育教学过程中所存在的突出问题，并及时给予教育管理部门了解和反馈。

3. 促进学校和体育教师科学认识与提升

教学胜任力提供方法支持体育教师教学胜任力研究既可以用于指导学校进行体育

教师招聘、选拔、培训、面试、薪酬等事宜，又可以用于引导体育教师有序进行教学胜任力提升规划。

中小学在进行体育教师选聘等工作时，可以将体育教师教学胜任力评定问卷作为评估工具，对应聘体育教师进行选聘评估，或者在进行体育教师培训时，依托体育教师岗位胜任要求来设计培训内容，以此作为体育教师培训指导，并对参加培训体育教师进行培训效果评估。

体育教师通过设定高胜任力体育教师目标或者通过学生评价方式，利用胜任力测评技术对自身进行教学胜任力提升规划。发现高胜任力体育教师的教学特点，认识并弥补自身体育教学中的不足，不断向体育教学能手和专家型体育教师跃进。

（三）教师的自身内部因素

1. 体育教师自身的专业知识与技能

教师专业知识主要包括基础性的通识知识和学科性的专业知识，而教师专业技能主要包括在实践教学过程中的教学技巧和教学能力。中小学体育教师自身所拥有的扎实的专业知识与过硬的专业技能可有利于促进自身专业合理的规划发展，还可以有助于中小学体育师资队伍的整体有序发展。随着新课程改革的不断推进，中小学体育教师需要用新的专业知识与技能武装自己，完善自身的教学观念和科学素养，从而不断地提高中小学体育教学效益。

2. 体育教师对待工作的态度与动机

教师的工作态度是指支配教师在工作上的心理准备状态。而教师的工作动机则是指推动教师完成工作的心理倾向。体育教师对待工作的态度与动机表现在中小学体育教师的价值取向上。在中小学校，由于受应试教育的影响，势必会导致中小学体育教师的教学观念对新教学观念的价值层面的立场冲突。

体育教师对待工作的态度与动机还表现在中小学体育教师的自我认知上。认知层面的教学观是中小学体育教师对教学活动的各种观念以及体会，对中小学体育教师的教学活动起指导作用。与新课程相适应的体育教学过程是建立在平等身份下的师生之间的对话、交流、合作等形式的交往活动。

（四）提升中小学体育教师教学胜任力的对策

中小学体育教师教学胜任力发展的现实困境受外界客观因素和自身内部因素的影响，中小学体育教师亟待突破所面临的教学胜任力现实困境，对此应从政府、教育主管、学校以及个体四个层面为出发点，寻求中小学体育教师教学胜任力提升的着眼点和突破口。提升中小学体育教师教学胜任力的对策，如图 5-9 所示。

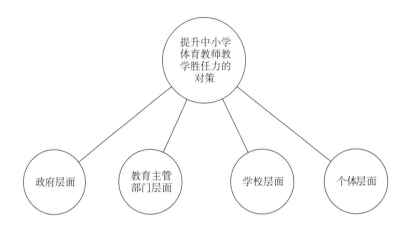

图 5-9　提升中小学体育教师教学胜任力的对策

1. 政府层面

（1）增加中小学学校体育教育经费投入。财政性教育经费投入作为中小学学校体育教育经费的主要来源，且政府又作为中小学学校体育教育经费最主要的供应者，不仅要规定市政府财政对中小学学校体育教育经费的投入比例，而且还要切实保障中小学体育教育经费的足额投入，拥有健全有效的体育教育经费管理制度，合法保障和落实好针对中小学体育教育的经费投入，并逐步改善中小学体育场地设备的现有条件和体育教师的超工作量报酬，为中小学生参与体育运动创造良好条件，提高中小学体育教师的热情和积极性，确保中小学体育教师能够全心投入到体育教学事业中。

（2）加大对中小学体育教师政策支持力度。国家政策的导向作用是提升中小学体育教师教学胜任力的基础和关键。各级政府教育工作的重要任务是依法采取措施切实保障中小学体育教师的相关合法权益。加大对中小学体育教师的政策上的支持力度，推进中小学体育教师教学胜任力科学、有序发展。

1）加强针对中小学体育教师培训工作政策、法规的制定与实施力度，确保中小学体育教师培训得到应有的重视和法律的切实保障。并加强对于中小学体育教师培训的监督和考核力度，落实好中小学体育教师继续教育登记制度，确保中小学体育教师培训工作的高效和高质量进行。

2）加大中小学体育师资数量配置力度。针对目前中小学体育教师教学工作量大、教学压力大等情况，政府部门应在师资配置上给予政策上的特殊倾斜，加大针对中小学体育教师的政策扶持力度。

3）制定科学公正的中小学体育教师职称评聘制度。政府应充分考虑中小学体育教师的职业特点，在编制核定、评聘条件确立时实行倾斜政策，适度淡化对中小学体育教师英语、计算机等方面的考核要求，还应设置中小学体育教师职务资格跟踪审验机制，确保中小学体育教师专业技术业务能力得到长期高效的稳定发展，从而更好地提升中小学体育教师职业吸引力。

（3）提高中小学体育教师社会地位和待遇。中小学体育教师的社会地位和待遇实际上代表着中小学体育教师自身的价值，代表着社会和学校对中小学体育教师工作的认同，对中小学体育教师职业的尊重。这既影响着中小学体育教师教育教学水平的提高，也影响着中小学体育教师专业化的发展。

提高中小学体育教师的待遇认同感极为重要。按照国家现行法律，教师的平均工资水平应不低于或高于国家公务员的平均工资水平。从经济上对中小学体育教师的工作予以充分肯定，这是提高中小学体育教师社会地位最直接、最有效的手段，也是鼓励中小学体育教师长期从教、积极从教、幸福从教的最有力的举措，同时还是吸引更多优秀人才从事中小学体育教师职业的基本策略。在提高中小学体育教师经济待遇方面，需要国家进一步完善和落实中小学体育教师工资保障办法、职称评定机制和社会保障政策。

（4）改善中小学体育教师工作和生活条件。目前很多中小学，特别是小学体育教师的工作条件，仍然还存在着缺乏必要的体育教学资源的现象。政府部门应着力于提升中小学体育教师工作条件，改善中小学体育教师工作的客观环境，推行民主化的校园弹性管理方式，引导各中小学校鼓励中小学体育教师参与学校的决策和管理，协调好中小学体育教师的工作关系和人际关系，为中小学体育教师创造更好的发展和工作条件。

政府部门应大力创造良好的工作环境和提供温馨舒适的生活环境条件，引导社会和学校关注中小学体育教师的职业生存状态，给予中小学体育教师足够的信任和支持环境，要善于发现中小学体育教师教学所出现的问题，切实关心和关注中小学体育教师的工作和生活条件，为中小学体育教师创设舒适、愉悦的工作和生活条件。中小学体育教师的工作水平和生活质量得到了提高，从而中小学体育教师对于学校体育工作的胜任程度也会得到进一步提升。

2. 教育主管部门层面

（1）强化专业与通识并重的职前体育教师培养模式。职前培养模式是培养教师的重要组成部分，应与入职培养和在职培养共同组成教师培养的完整体系。

要成为一名胜任中小学体育教师岗位的中小学体育教师，教育主管部门在选择中小学体育教师职前培养模式上，不能盲目照搬国外的成功经验，应该立足现有中小学体育教师的实际情况，制定适合中小学体育教师的职前培养模式。一方面，更新教育理念，建立开放式的中小学体育教育体系。树立和培养中小学体育教师的终身教育思想，创建高等体育院校与中小学平等合作基础上的体育教师发展学校新模式；另一方面，夯实中小学体育教师职前体育专业知识素养与通识知识并重的自身知识体系，努力加强中小学体育教师职前的通识知识教育，构建专业与通识并重的中小学体育教师职前培养模式。

（2）建立完善的中小学体育教师在职培训体系。教师在职培训体系是指针对在岗教师所进行的有组织、有计划、有目的的关于理论知识和实践技能的培训和教育。中小学体育教师在职培训体系的完善应从以下方面来进行：

1）丰富中小学体育教师培训方式，保证中小学体育教师培训日常化。学校要充分发挥好校外学习交流、网络培训等方式的功能，注重中小学体育教师的校本研修，建立研究型体育教研组。还要定期开展体育教学研讨会、定期组织体育公开课与体育观摩课、定期组织本校中小学体育教师轮流去其他学校考察与交流学习。另外，中小学体育教师还可以充分借助网络资源平台进行培训，比如湖南省中小学教师发展等网络资源平台。通过网络资源的学习，能够提升现代体育所要求的信息技术能力，有效扩展自身的体育知识体系。

2）中小学校要听取中小学体育教师的心声，深入了解中小学体育教师的内心世界和工作生活状况，明确好中小学体育教师培训的目标，调整好培训内容，使中小学体育教师能够真正参与培训并通过培训有所收获，保证中小学体育教师培训效果。

3）中小学校应建立体育教师轮流培训制度，确保中小学校的每名体育教师都公平地享有参加培训的机会。同时，在中小学体育教师培训过程中，要落实好中小学体育教师培训的监管与考核，严格做好考勤等工作，并建立完善的惩罚制度。

（3）为中小学校搭建优质体育教育资源互补与共享平台。搭建中小学体育教育的优质资源共享平台，既是提升中小学体育教师教学胜任力的重要举措，更是实现体育教育发展平衡和体育教育平等的重要途径。

优质体育教育资源共享平台应建立有关中小学体育教师进行体育教育的优质体育资源库、优质体育课程库以及优质体育教学课件库等资源，不断提升中小学体育教师信息化管理水平，对中小学校优质体育场地和优质体育器材进行统筹管理。

教育主管部门应推进中小学校积极与名校联盟、与兄弟中小学校结对，开展深度体育教育合作，引进高效体育教育管理机制，实现优势互补、资源共享。还应依托网络平台建设，构建网络优质中小学体育教育资源共享平台，发展中小学体育教师多媒体教学和在线学习，以中小学体育教育信息化带动中小学体育教师现代化，全面提升中小学体育教师胜任教学的能力。优质体育教育资源共享平台的搭建不仅能给中小学生带来更多的优质资源体验，同时也将成为推动中小学体育教师专业化发展的平台动力。

（4）打造中小学搭建体育教师的教学成果展示与交流平台。教育主管部门可以通过举办中小学体育讲课比赛，各中小学选派体育教师参赛进行教学成果展示，并搭建"体育名师资源库""体育名师工作室"等交流平台，鼓励其余中小学体育教师参与体育教学比赛交流。

对于优质的体育教学成果设置相应的奖励措施，刺激中小学体育教师努力提升自我教学水平。还可以通过增加本校或各中小学校之间体育教师的交流，发挥一些中小学体育老教师、优秀中小学体育教师的骨干作用，帮助年轻体育教师，给中小学体育老教师创新的灵感。同时在各中小学校园网增设"教学成果"展示栏目，引导中小学体育教师展示教学成果，为中小学体育教师提供观摩和交流平台。激发中小学体育教师根据中小学校具体的体育软硬件设施情况，开发、创新与丰富体育教学内容，并通过借助教学成果的展示与交流，为中小学体育教师搭建更多展示自我和互相学习的平台，有效帮助中小学体育教师提升教学胜任力。

3. 学校层面

（1）构建体育教师教学胜任力的促进机制（图5-10）。机制的构建不仅是为了确保政策更好地实施，而且更是为了形成有效的政策导向。

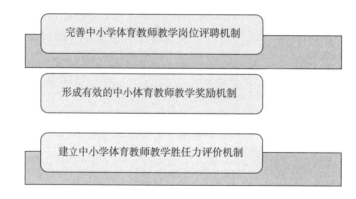

图 5 - 10　构建体育教师教学胜任力的促进机制

1）完善中小学体育教师教学岗位评聘机制。包括中小学体育教师的职称评定制度、中小学体育教师教学考核制度等，通过规范教学岗位要求以此来促进中小学体育教师不断提升教学胜任水平。

2）形成有效的中小体育教师教学奖励机制。中小学校努力营造体育教学与体育科研并重的政策氛围，注重结合课内课外，把握好教学过程与教学效果，对体育教学和体育科研实行教学奖励制度，从物质层面的奖励切实带动中小学体育教师提升教学胜任水平，确保中小学体育教师能够完成胜任中小学体育教学工作，进而激发中小学体育教师进行体育教学研究。

3）建立中小学体育教师教学胜任力评价机制。中小学校应根据中小学体育教师岗位应具备的胜任要求，制定能客观反映中小学体育教师教学胜任力状况的教学胜任力评价系统，从而有效地了解当前中小学体育教师的教学胜任力状况。

（2）完善体育教师教学胜任力的培养制度。加强中小学体育教师的培养是中小学体育师资队伍建设的关键，完善相应的中小学体育教师培养制度，是提高中小学体育师资队伍素质的重要保证。中小学体育教师教学胜任力的提升离不开中小学校对于中小学体育教师的教学培养，针对中小学体育教师，中小学校要建立和健全中小学体育教师岗前培训、听课、现代教育技术的培训等制度，切实保障好对于中小学体育教师的教学培养。

开展优秀中小学体育教案竞赛、优秀体育教师示范课观摩、中小学体育课堂教学设计、中小学体育教师说课、微课、体育教学经验交流等中小学体育教师教学实践活动。中小学体育教师教学胜任力培训制度的完善将直接促进中小学体育教师专业知识素养的有序增长，将间接提升中小学校的体育教育教学质量水平。

（3）适当缓解或减轻体育教师的职业压力。教师职业压力是教师因职业要求所产生的压力。由于中小学体育教师在日常生活和职业活动中扮演的多重角色，且面临着诸多挑战，在胜任教育教学岗位上同样也面临着多种多样的职业压力。

中小学校要改善好与中小学体育教师息息相关的体育设施、人际关系、学校组织文化以及情感交流等环境，构建中小学校和谐的沟通与交流氛围；中小学校应减轻中小学体育教师教学工作以外的压力。大力取消繁杂的各种检查，减轻中小学体育教师负担，确保中小学体育教师能够发挥自身潜能，以最佳的身心状态投入中小学体育教育事业中去。

此外，中小学校还要加强休闲娱乐文化建设。积极开展各种丰富多彩的文化娱乐活动，如中小学校通过读书交流会、茶话会等形式为中小学体育教师提高身心健康、休闲娱乐等方面信息和内容，同时中小学校要增加中小学体育教师的闲暇时间，让中小学体育教师有更过时间休息和参与各种休闲娱乐活动，以缓解或减轻中小学体育教师的职业压力，从而提高中小学体育教师的教学胜任水平。

（4）引导体育教师的专业自主成长。中小学校要创设促进中小学体育教师专业自主发展的成长氛围，激励中小学体育教师进行专业成长。

1）提升中小学体育教师知识素养。中小学校应鼓励中小学体育教师不断更新体育专业知识，及时补充教育学、心理学等其他相关知识，夯实自身的理论知识素养。

2）培养中小学体育教师职业精神。中小学校要帮助中小学体育教师树立坚定的职业理想和良好的职业心态，还要帮助中小学体育教师修正不合理的认知观念，引导中小学体育教师感受教师职业的光荣感，强化中小学体育教师的工作使命感、社会责任感和爱岗爱生的自觉行动，朝着更快更高更强的职业信念不断前进。

3）强化中小学体育教师教学反思。中小学校可通过要求中小学体育教师编写体育课堂教学日记、观摩其他体育教师的教学、参与讨论及开展相关体育研究活动等方式，对自身体育教学情况进行反思总结。

4）涵养自身工匠精神。体育教学工作的精益求精、体育教学能力的求实创新以及体育教育实践的知行合一所组成的中小学体育教师的工匠精神，中小学校应有意识地对中小学体育教师的工匠精神加以培养和提高。

4. 个体层面

（1）科学制定教学胜任力提升规划。中小学体育教师在制定教学胜任力提升规划的过程中，应着重每次提升规划环节中的教学胜任力因素，并通过测评的方式来确定规划目标的胜任力要求，循序渐进地提升自我教学胜任力。

1）中小学体育教师要转变观念，提高对教学胜任力提升规划的重视。在树立较强的教学胜任力提升规划意识时，有针对性地提升职业品格与素养，为胜任中小学体育教师打好工作基础。

2）中小学体育教师要深度了解胜任体育教师的职业要求，并将这种职业要求与自身所需培养的胜任力相串联，依次了解中小学体育教师职业的胜任情况，包括中小学体育教师职业的工作特点、职责内容、知识要求等胜任力要素。并对自身爱好、价值观等特质结合中小学体育教学的特点，做出科学的分析，从而实现自身教学胜任力的有序提升。

3）做好教学胜任力提升规划的实践检验与评估。对于在体育教学胜任方面所存在的不足，中小学体育教师应制定教学胜任力提升计划，并在体育实践教学中通过各个教学环节对自身进行评估，不断地完善自身的知识结构体系。中小学体育教师还可以通过各级体育教学竞赛来检验自己的体育教学能力与水平，更多地掌握中小学体育教师职业的胜任力要求，科学提升自身的教学胜任力。

（2）丰富自身专业知识，增强自我发展能力。中小学体育教师作为中小学体育教育的引导者和实施者，决定着中小学体育教育改革与发展的方向。因此，要想把握好中小学体育教育改革与发展的前进方向，就需切实解决好中小学体育教师教学的胜任问题，而丰富中小学体育教师教育学科、体育学科、技术类以及体育与健康课程等专业知识，增强中小学体育教师自我发展意识就显得尤为重要。

鉴于教师职业的特殊性，也要求中小学体育教师具有终身化的自我学习意识，保持源源不断的体育专业知识来源，接受新的体育教学理念，并不断更新自己的体育知识结构和体育教学方法，这样才能成为一名胜任时代发展和社会需求的优秀中小学体育教师。

（3）增强自身教学技能水平，做研究型体育教师。教学技能既是一种有效的课堂教学行为方式，又是课堂教学行为的重要组成部分。因此，中小学体育教师在从事体育教学研究的过程中，要具备一定的体育教育理论素养和体育科学精神，不断提升语言、组织等教学技能水平，有效掌握体育教学研究的基本方法，及时了解中小学体育发展的动态，并根据中小学生实际情况，在中小学体育中吸取先进的科研成果，更新中小学体育教学内容。同时，还需具备信息检索技能，掌握好中小学体育学科的主要文献种类、掌握好中小学体育学科书目的检索方法以及相关网络资料的收集技能。勤于进行中小学体育教学研究，做研究型的中小学体育教师，从而使中小学体育教师能够有效胜任日常化的教学研究。

（4）重视自身人格发展和积极人格特质的养成。人格特质既能引导个体行为，又能促使个体心理反应。在中小学体育教学工作中，中小学体育教师应具备积极的人格特质，来帮助中小学体育教师判断中小学生对于体育知识或者动作技能的接受能力和接受效果。

从体育教学引导者的角度来看，中小学体育教师自身应当具备公正、公平等个性特征，提升自身的情绪稳定性，能够接受具有不同个性特点的中小学生，并采取有效的教学方法进行中小学体育教学；从职业兴趣的角度来看，中小学体育教师在体育教学活动中应保持稳定而持久的心理倾向，避免产生职业倦怠，保持良好的体育课堂教学状态；从交往的角度来看，中小学体育教师应当提升自身的适应性、合作精神、幽默感及自我调控能力，有效应对中小学体育教学工作所出现的胜任要求，并以高尚的人格魅力，去赢得中小学生的信任和认同，不断提升自我的教学胜任力水平。

总之，各地教育行政部门及领导要把培养乡村体育教学人才作为重中之重，根据现实条件，制定切实可行的计划，在职培训和继续教育工作方面要有目的，有计划、有步骤地改善体育师资队伍的结构。

抓好体育教师的继续教育工作，尽力避免继续教育形式化。采用多层次，多渠道，多形式，以业余为主、短期培训为主，强化其科研意识。继续做好学历教育，大力发展非学历教育。在新的教育引导下，乡村中小学的教学会在各级教育部门、学校领导和广大体育教师的共同努力下，使学生的健康发展走上一个新的台阶。

第六章

拓展训练在乡村学校体育教学中的应用研究

第一节　体育课堂教学中开展拓展训练的可行性

一、明确拓展训练的基础认知

明确拓展训练的基础认知，如图 6 - 1 所示。

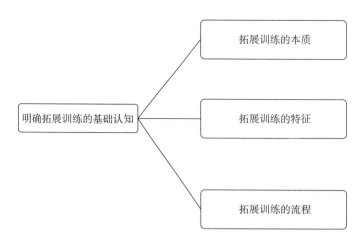

图 6 - 1　明确拓展训练的基础认知

（一）拓展训练的本质

拓展训练属于教育的一种，是一种体验式学习。体验式学习，又称"经验为主学习""发现式学习""活动学习"或"互动学习"，先是由学员参与一连串活动，然后分析他们所经历的体验，使他们从中获得一些知识和领悟，并且能将这些知识和感悟应用于日常生活及工作上。体验式学习的四个阶段，如图6-2所示。

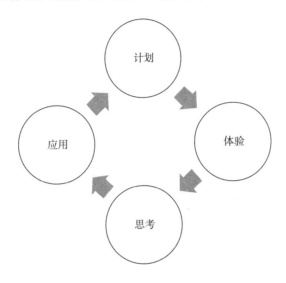

图6-2　体验式学习的阶段

（1）计划。在户外自然环境和设计情景中，模拟了现实生活中变幻复杂的困难和挑战，组员将以个人或团队面对各种富有挑战性的活动和考验。

（2）体验。个人和团队都将在透过心理准备、策划、实践、互助互励、并肩扶持、去经历一系列的身心和人际上的挑战。然而，没有一项活动是在你的能力范围以外。

（3）思考。在体验之后和相当长的生活中，组员将分享和检讨活动过程中的行为、态度、感受和结果。并将个人和团队的感性活动结合于工作，生活层面去认知和总结，以改善思考和行为。

（4）应用。将学习中新的启示和体会启用于现实工作中。

（二）拓展训练的特征

"拓展训练能够对学生的体育核心素养形成有效的锻炼培养，让学生在掌握体育技巧的基础上，相应的能力素养也得到同步提升。"① 拓展训练之所以能够持续的发展，归根于自身的特点，这也就是它有别于传统教育之处。

拓展训练的特征，如图6-3所示。

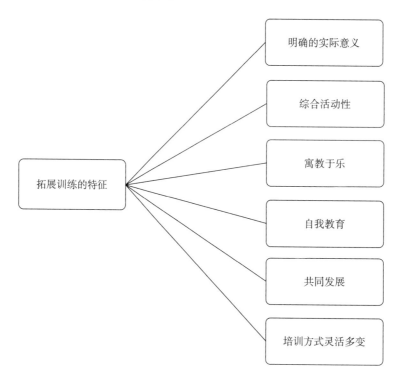

图6-3　拓展训练的特征

（1）明确的实际意义。拓展训练把知识、思想、技能融入了各项活动与游戏，这种互动式的学习过程能够使学习者通过自身的经历来掌握所学内容，学习效果明显，也更能将学的东西转到生活工作学习中去，具有明确的实际意义。拓展训练让学习者通过亲身经历，从根本上改变思想认知，并在习惯和行为上能有一个新的改进和突破。

（2）综合活动性。拓展训练的项目基本上都是通过身体活动引发学习者思想上的触动—认知活动、情感活动、意志活动。从中可以综合体现个体的心理过程、心理特征、行为特点。

（3）寓教于乐。拓展训练采用的活动与游戏本身具有极强的娱乐性，同时具有极强的引导性，教师在引导学习者进行活动与游戏时，也将同步引导学习者进行思考，这就完全打破了传统"水桶与水杯"的教学模式。所以，拓展训练最大的特点就是寓

---

① 王斌. 浅谈偏远农村小学体育教学拓展训练［J］. 考试周刊，2020，（11）：125.

教于乐。

（4）自我教育。拓展训练过程中是需要学习者主动参与活动与游戏的，学习者能够在活动过程中自发进行思考、沟通、总结，很自然就处于主导地位。也就是说拓展训练能发挥学习者的主观能动性，具有很好的自我教育意义。

（5）共同发展。拓展训练强调的就是团队协作，大多采用的是分组的形式进行，整个过程也是个团队磨合的过程，它力图让每一个学习者置身于团队中，使其适应团队并融入这个团队，运用自身的智慧完善这个团队，达到个人与团队共同成长的目的。

（6）培训方式灵活多变。拓展训练是依据哲学原理——"实践出真知"而发展起来的，它强调做并从"做"中领悟真理，拓展训练就是以各项活动游戏作为学习的手段，其形式和内容可根据学习者或团队的需要灵活转变。

（三）拓展训练的流程

（1）亲历。亲历是自己亲自参与活动，也就是自身体验。在拓展训练里任何一个拓展项目的开始都是在培训师的指引下学员在一种模拟的场景下完成任务。亲历是拓展训练实施关键的第一步。

（2）实施。实施是在培训师布置完拓展项目任务之后，学员通过互相的交流，确定出有效可行的方案，并对方案的实施进行分工，通过有效的协作分工来最大限度的完成任务，项目完成之后培训师将引导学员对整个过程的回顾，并对这段项目实施过程经历进行分析。

（3）分享。分享是拓展训练的一大魅力所在。是项目结束之后，大家坐在一起，每个人都把自己的体会与感受说出来和大家分享，由此每个人就会学到不同的经验，在分享的过程中，培训师会积极的引导、调动、鼓励学员进行发言，灵活准确的进行总结，利用团队的作用使得大家在完成项目过程中出现的分歧、矛盾等不成熟的思维观点向着正确的方向发展。

（4）总结。总结是为了把学员的认识由感性认识上升到理性认识。它是培训师根据大家分享讨论的结果，与项目实施的过程进行对比，再结合相关的理论知识、实践经验，进行归纳总结。

（5）应用。应用是在实践的生活与工作中运用拓展训练中总结归纳的理论知识，这也是各个领域参加拓展训练的目的，同时也是拓展培训的终极意义所在。

二、划分拓展训练的主要项目类型

划分拓展训练的主要项目类型，如图 6-4 所示。

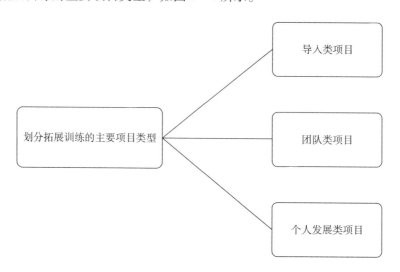

图 6-4 划分拓展训练的主要项目类型

（一）导入类项目

导入类项目中最主要的就是通过教练的引导和集体的互动，把学员引入培训状态，让学员了解到即将参加的是怎样的一种培训，为什么要来参加这样的培训，该以怎样的心态来参加这样的培训，以及一些注意事项。总之，就是一个摆正位置，明确方向的项目。

导入类项目的作用包括：①了解拓展起源；②了解拓展培训的内容；③了解拓展培训的形式；④了解该以怎样的态度接受此次培训。

（二）团队类项目

团队类项目可以分为三种，如图 6-5 所示。

1. 团队初级类项目

团队初级类项目首先是团队项目，也就是他要有每队的十多名队员共同参与才能够完成。每个人所做的事情会对其他人产生影响，同时也会受到其他人的影响。从而

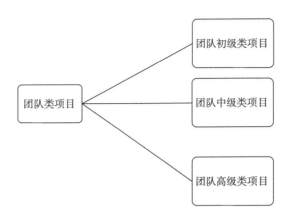

图 6-5　团队类项目

使得整个项目的完成情况要依赖于每个学员的表现。

同时作为团队初级项目，在完成项目的过程中每个学员做需要完成的任务和所拥有的地位基本上是一致的，也就是所有的人都在做同样的事情，彼此之间地位平等。

（1）感受个人与团队之间的相互关系。让学员亲身感受到单纯的个体与将个体置身于集体之间的不同；让学员亲身感受到集体与个人之间的相互影响；让学员深刻认识到集体可以拥有个体所无法实现的功能；让学员深刻认识到遵守团队规则的重要性，身为团队中的一员，以个体的不舒服换取团队的成功是常见的也是应该的，也只有团队整体成功了个体才能有最大的收益。

（2）营造良好团队气氛，培养良好团队意识、让学员体会到良好团队的重要性。

（3）让学员对团队产生归属感。对于这类项目要尽量安排在项目流程的前部，首先要让这个团队有一个良好的气氛。至于项目的数量将依据培训的目的不同而有所改变。此外这类项目中有一些比较小巧，可以穿插在大的项目之间，用于调节、连贯整个培训流程。

2. 团队中级类项目

团队中级类项目在团队初级项目的基础之上，学员之间开始出现了明显的分工，要完成整个项目，学员之间将完成不同的任务，对团队产生不同方面的影响。这类项目将会体现团队的结构。对资源的认识将直接影响到项目的成败，团队领袖将开始发挥主导作用，开始涉及信息沟通、决策过程、分工协作等内容。

团队中级类项目的作用包括：①让学员认识到团队内部是有结构的，不同的单元有着自身的职责和权限；②帮助学员在实际的团队运作和心理上实现团队结构的搭建；

③进一步巩固团队初级项目的成果。

团队中级类项目一般安排在拓展培训的中间部分。就目前拓展培训的整体状况来看，多数情况下，这类项目担任着整个培训的主体任务。主要是由于这类项目的操作比较灵活，兼容性强。纵向兼容性是向下可以仅作为团队初级项目来操作；向上可以引申，挖掘成为团队高级项目；横向兼容性，这类项目可以通过不同的操作来突出沟通、决策、分工等不同的理论重点，可以通过小氛围的修饰来贴合不同的行业特点。所以比较容易实现客户的期望。培训师可发挥的余地也比较大。

3. 团队高级类项目

团队高级类项目力图在团队中级项目的基础之上，对团队各部分的结构进行优化，引发学员更具广度和深度的思考与讨论。内容将涉及领导艺术、团队结构的策划与优化、最优化决策过程、高效的沟通、危机处理等内容。这类项目的特点是一般项目本身的设置往往蕴含着较深的团队结构的含义。

团队高级类项目的作用包括：①引发学员对团队的结构功能的深入思考；②引发学员对团队操作理论的深入思考；③实现团队高绩效；④检验与巩固团队中级项目的成果。

团队高级类项目使用方法：这类项目一般安排在拓展培训的后部。应该留出比较充裕的时间供学员讨论，一般不应少于120分钟。应根据学员自身的特点和培训的目的对项目的操作进行适应性的调整，这类项目更容易与学员迸发出贴合实际的深层次的思想火花。

团队高级类项目也对培训师提出了很高的要求。不仅要求培训师有很好的素养，丰富的经验在培训之前还一定到充分的准备、认真备课。一般不建议在团队初级拓展中使用。

（三）个人发展类项目

个人发展类项目主要是个人项目，它们的特点是团队中的每个人都要独立完成一项比较困难的任务，目的在于发现自身的优势和挖掘自身潜能，进一步更清楚的了解自己。个人发展类项目的作用包括：①培养个人良好的心理素质；②帮助个人拓展自身的舒适区；③帮助个人认识自我。

三、重视拓展训练过程，开展有利条件

拓展训练的过程是一个增强回路过程，这种回路在个人、队友、团队、团队贡献形成了闭合回路，使队员无形的就会贡献自己的力量与智慧。这个过程有利于培养学生的团队精神，形成团队意识。

中小学教师对学校领导对学校体育教学的重视情况。学校领导对体育教学的重视程度决定了学校体育教学开展的好坏和体育教师工作的积极性。随着社会的快速发展，我国体育法律、规则和制度的不断完善，各学校领导都加强了对学校体育工作的管理力度，使得学校体育教育工作和体育师资队伍建设得到进一步加强，广泛开展群体性的学生体育活动，有助于促进学生生理、心理的成长。根据教师对学校领导是否重视学校体育工作情况的评价可以充分说明目前现状。

基本的体育器材设施为接力棒、栏杆、秒表、夹心球、长绳等一类必配器材，再加上学校现有的体育场地或者活动场地，这就已经具备了拓展训练实施的基本条件。拓展训练所需的场地具有选择性，一般针对地面上的活动项目，可以根据天气适当选择训练项目，即使阴天下雨亦可在室内进行。拓展训练实施过程中所需的体育器材也可简化处理，废报纸、长绳、棍子、眼罩等日常常见的物件均可加以利用，即使是条件较艰苦的山区学校，亦可开展拓展训练。

拓展训练在中小学的组织与实施是拓展训练的关键环节，而教师（培训师）是保证拓展训练是否顺利实施的桥梁和纽带。因此，高素质的教师群体是保证拓展训练顺利实施的关键因素。现阶段中学体育教师的整体受教育程度更高，并有一定的实践经验，他们能很容易的掌握拓展训练项目的规则和实施方式，并能顺利地组织学生进行学习，有些地区的拓展训练培训师都是由学校教师担任的。因此，学校具备了拓展训练实施的组织者和实施者。

四、注重拓展训练项目内容的设计

拓展训练项目内容丰富多彩，如何在有限的时间内，更有效地实现体育课堂教学目标，是我们首先应该重视的问题。在项目内容设计上根据学校实际情况应考虑以下方面：

（一）个人挑战项目与团队协作项目相结合

拓展训练项目灵活多样、内容丰富。项目大体分为高空项目、水上项目、陆地项目三类，在每类项目中分为个人项目和团队项目。

个人项目就是要充分发挥自身的体能，保持平稳的心态，经过一定挑战，更好完成项目任务，让学生从内心体会并认识人生真谛。通过拓展训练的个人项目可使学生挖掘自身潜能、增强自身信心、克服恐惧心理、磨炼坚强毅力，在自己的生活与学习中正确面对困难，提高分析解决问题的能力。

团队项目就是要全体学员共同建立良好的团队氛围，通过学员互相沟通、理解、信任、协作共同解决项目实际中的困难，更好完成项目任务。它以复杂性、团体性为特征，团队项目可使学生充分体会到团队的作用，增强个人的参与意识和责任心；改善人际关系，遇到困难会更好与他人进行沟通协作。所以针对学生时代既喜欢挑战又注重班集体荣誉的特点，我们将拓展训练个人项目和团队项目进行有机的结合，可以更全面的培养学生。

（二）针对性学生的生理和心理特点

中小学生是由儿童向成年的过渡期，此时的身心正在受外界条件影响下迅速发展，他们面临着个体成长过程中必然经历的青春期的困惑、不适和焦虑，也面临着来自家庭、社会等多方面的期望压力，特别是由于升学所带来的压力，所以应该分析初中生的心理特点，主要从他们的性格进行分析，有针对性地选择不同的拓展训练项目内容来完善他们的性格特点，做出正确的引导的同时丰富体育课堂教学内容。

（三）注重拓展训练的师资培训

在拓展训练中，虽说是通过体验、分享拓展训练项目本身所包含的内容达到学习的目的，但是针对学生还是需要正确引导的，所以专业化的师资是开展拓展训练课并能更好达到教学目的的前提。在体育课堂教学中开展拓展训练，体育教师必须具备拓展训练具体内容的知识和课程设计的能力。

根据目前中小学的实际情况，在开展拓展训练课之前对体育教师进行培训。掌握拓展训练的基本理论知识，了解拓展训练的项目内容、训练过程、组织方法和注意事项。在初步了解拓展训练之后，根据中学生的特点，将拓展训练训练方法与初中体育课堂教学有机地结合起来。

第二节　体育课堂教学中开展拓展训练的措施

一、体育课堂教学中开展拓展训练的风险规避措施

（一）认识拓展训练风险

虽然中小学开展拓展训练的安全性较强，但是实际上风险是实实在在存在的。因为，风险是一种客观的存在，它不受人意志控制，绝对的安全是不切实际的。风险是拓展训练的独特魅力所在，因此我们可以根据制定相应的教学计划，将风险降低到最低。

（二）拓展训练的风险规避

拓展训练的风险规避的安全原则是预防事物不安定的状态、根绝人的不安全行为和意识、节制和干扰不安全成分。掌握风险原则，是预防和干预拓展训练风险因素的前提条件。通过对风险的管理，可以使课程组织者能在合理的范围内采取的风险控制，最大限度地对课程追求最大利益。

1. 提高主体的安全意识

拓展训练的要素既包括学生也包括教师。一定的安全隐患是拓展训练的独特魅力，如果完全否定，就失去了开展拓展训练课程的意义。提高拓展训练实施过程中实施者和实行者的安全意识，是拓展训练能够有效实施的前提条件。尤其是教师的协助和保护，了解学生的身体现状、协调各方面的配合以及及时掌握学生动态，提前做好预防工作，这是风险控制的有效方法。

2. 防范活动场所安全隐患，注意维护场地器材

拓展训练所需的场地和器材是判断拓展训练能否顺利进行最根本的物质保障。拓展训练的实施场地包括室内和户外两种。场地器材是拓展训练资本投入最大的一项，拓展场地的选择也需要考虑多重因素的影响，一旦建成，很难更换。因此，定期对拓展训练的场地和器材进行安全检查，做好借用、收录、损坏记录，既方便器材的管理，又便于器材的维护。

3. 预防环境风险，灵活运用应急预案

实施人身意外伤害保险制度使事故统计上报与索赔得以落实。通过实施人身意外伤害保险可以让每次拓展训练中出现的事故得到上报，为拓展训练行业提供有益的借鉴。实施意外伤害保险有利于降低企业经营风险。而在拓展训练意外安全事故发生的之前，应该建立应急救援预案，一旦遇到危险，应该有及时有效的救援，一旦某个环节出问题，相应的救助体系立即启动。

参与训练的人员在面对突发事故时，应保持冷静的头脑，大胆应对，认真负责，区分优先顺序，坚决实行科学合理的方法急救。治疗患者时，一定要视伤势轻重来判断治疗的先后顺序，危重症患者要先接受治疗，现场人员在观察现场环境、保证自己的安全的同时，及时判断情况，根据现场能够支配的人力、物力以及替代品来帮助培训人员进行急救措施。

4. 建立完善的项目管理制度

拓展培训管理离不开的开发项目管理系统的制定，从项目内容的确定到项目的准备阶段和实施阶段，不断完善相关制度。从拓展训练实施的准备过程做好管理工作是将拓展训练方案进行管理的一种有效的手段，

制定完善的项目管理制度的重点。内容包括：①项目准备阶段也被称为安全调查阶段，包括检查设备的隐患的安装、现场布置和情景的模拟，安排培训和相关的安全提示等；②项目实施过程中一定要注意的阶段是安全防范阶段即项目的实施阶段，培训员或者是教师一定要进行安全意识的培养过程，这主要包括安全意识的培养、规范操作的训练、保护措施的讲解等；③项目的总结阶段就是实施过后的维护阶段，主要包括对场地器材的整理和维护、对损坏器材的保养以及报废等。

5. 建立有效的意外伤害保险制度

意外伤害保险制度是拓展训练规避风险的重要途径之一。建立拓展训练意外伤害保险制度有利于降低风险，提高拓展训练机构的风险抵御能力。保险业的加入是拓展培训机构、培训师和学员安全的物质保障，对于促进拓展训练过程中安全问题的责任界定，促进行业安全操作责任制的健全，以及促进学员的安全保障进而促进整个拓展训练行业的安全具有重要作用。实施人身意外伤害保险，有利于化解和转移意外风险导致的赔付问题。

（三）构建拓展训练模式

在体育课堂教学中开展拓展训练的措施中，构建拓展训练模式，如图 6 - 6 所示。

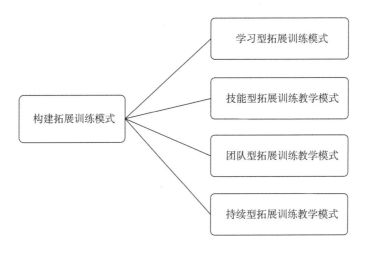

图 6 - 6　构建拓展训练模式

1. 学习型拓展训练模式

学习型拓展训练模式是一个类型多变、概念广泛的体育教学模式，这一模式的实施要避免教师的过多介入，而是应当尊重学生的主体地位和学习的自发性。

随着素质教育的不断深入，教师的地位逐渐向课堂的组织者、学生自主学习能力引导者、课程的开发与实施者转变，学生、是在教师的指导下，调动内在的学习动机，主动参与学习，充分发挥学生的主观能动性去进行思考和策划。

在教案的设计时应当留有空白，给学生自由发挥的机会，让学生真正参与到课堂的设计中来，这不但可以培养学生学习的积极性和主动性，还能够促进教师与学生之间的交流。在模式实施的结构过程上，一定要让学生参与到每一个教学环节中来，教学形式灵活多样，教学内容具有选择性，例如可以让学生自行选择教学内容并进行准备活动、在一定程度上选择训练的方法和进度，还可以让学生组织上课，让学生在互相配合中明白如何引导他人、反省自己，进一步激发学生的自主性，培养学生的策划能力、组织能力，通过角色的互换，了解彼此的世界。

2. 技能型拓展训练教学模式

技能型拓展训练教学模式是以掌握运动技能为主要目标的拓展训练教学模式。该模式，需要借鉴传统体育教学的运动项目，将其采用拓展训练的形式予以实施，教学的单元计划也要以某一项运动技能为主线，按照青少年身心发展的变化规律来设计教学过程，通过合理的改造，赋予体育教学内容以丰富的趣味性和娱乐性，使学生能够系统掌握知识技能，提高技术水平和能力，同时又能体验乐趣的一种教学策略。

教学的指导思想主要侧重于从游戏中掌握运动技能，在快乐体验的同时完成教学任务。这种学习型教学模式的教学程序区别于其他模式，在课程的开始部分需要教师引导学生产生兴趣，通过讲解示范让学生练习体验，最后通过游戏去加强体验结果。该种模式需要教师具有较高的运动技能水平和较强的指导能力，本模式的难点是运动技能的掌握是一个较为枯燥的学习过程，但重点是要让学生体验到游戏的乐趣的同时又能掌握技能，这种模式就要充分发挥教师的主导作用，兼顾好各种因素。

3. 团队型拓展训练教学模式

团队型拓展训练教学模式是以熔炼团队为主要目标的拓展训练教学模式。其显著的特征，以熔炼团队为主要目标的集体主义拓展训练教学模式是指，在体育教学过程中，以学生之间相互协作、情感交流和经验分享作为教学的主导方式，通过设计一些有难度、有目标、有能够达成的教学目标，以小组的形式进行队伍的编排，队员之间相互协作，找出方法通过克服困难，加深学生之间情感的交流，从而高质量完成教学任务的学习策略。这种教学模式要注重教学过程和教学结果的评价，主要是为了能够使学生在不断地学习中主动地与同伴交流自己的心得体会，学会分享经验，通过合理的方式表达自己的情绪体验，提高自己的交往能力和乐于助人的精神。

4. 持续型拓展训练教学模式

持续型拓展训练教学模式是以培养学生终身体育意识为目标的拓展训练教学模式。终身体育意识的培养是在长期的生活中，通过参与体育锻炼而受到潜移默化的影响而形成的学习过程，这是一个持续不断的长期的过程，不可能在短时间内就有所成效。这一教学模式的实施，就要做好长期性的准备工作，循序渐进对学生进行影响，操之过急反而会使学生产生抵触心理。

在体育教学的过程的，应该充分利用引人入胜的故事情节导入，帮助学生尽早进入角色，通过活动的开展，激发学生的兴趣，这是形成终身体育观念的第一步。促进和巩固学生对体育锻炼的态度，培养学生的体育素养，这是今后能够促进学生持续、积极参与体育运动的内在动力。这一教学模式可以与其他教学模式相互影响，相互作用，这就是这种模式的价值所在。

二、体育课堂教学中开展拓展训练的开发策略

（一）加强宣传力度，灵活实施

学校以学生的安全为主，加强宣传力度，让人们对拓展训练有一个正确的认识，让他们能够积极地响应并参与到其中。但拓展训练的确对孩子的身体存在一定的危险性，但是这些危险对孩子素质能力的提高有很大帮助，只要针对不同年龄段的学生实施不同的训练项目，就会循序渐进的提高他们的身体素质与能力。因而，根据中小学学生的不同年龄特点、不同身体体质，制定出不同的拓展训练项目，才能达到教学教育的目的。

（二）充分利用现有资源

拓展训练进入中小学体育课程更有利于各个学校根据实际情况开发校本课程，能够自主选择拓展训练的内容、实施方式、教学手段，有的放矢地对体育教学进行改革和实验。

配合拓展训练的项目，因地制宜的开发各种资源，例如，可以调动学校有体育特

长或者爱好体育的教师、家长、骨干学生或者其他的学校在职人员，参与到课程的实施与改革中，开发人力资源；利用学校的自然资源，稍加改造或者与体育器材相结合，模拟拓展训练场景，开发学校自然资源，并对传统的体育项目加以改造，丰富体育课程资源。不仅如此，还可以充分利用校外课余体育运动项目或者组织部门，开展社区体育、俱乐部体育、冬（夏）令营等体育活动，开发社会体育资源。

（三）加强师资队伍建设，提高教师的专业素质水平

教师的专业素质水平直接影响着体育拓展训练完成的质量。学校应该积极组织教师进行拓展训练知识的培训，以便提高教师的专业素质水平；与有成功教学经验的地区举办拓展训练教学的研讨会，促进教师之间的交流，学习成功的经验，丰富教师对拓展训练教学实施的体验，提高自身的水平。同时，教师应该积极主动地参与拓展训练培训过程中，开阔眼界，不拘泥于传统体育教学模式，丰富自身的知识，学习先进的经验，充分利用现有的体育资源，最大程度的开发体育拓展训练的课程内容，所以，学校应该积极组织教师进行相关专业的培训，提高教学能力，这是拓展训练能否在中学体育课堂教学中顺利实施的前提条件。

广大从事体育教育的工作者应积极开阔视野，摒弃旧的教育教学经验，开发思维能力将拓展训练项目同体育教学更好地结合起来，巧妙地设置一些情节，既提高了学生兴趣，又使学生的综合素质得到了提高，把社会发展的需要和体育课程的需求通过团队拓展训练的方式联系在一起。

（四）提供实施拓展训练的必要场地器材

拓展训练的方式灵活多变，学校可根据学生的特点以及拓展项目的要求，对体育场地进行基础建设，同时也可根据自身的师资力量水平有选择地对体育器材进行选择，这样以便于拓展训练顺利的实施提供物质保障。

较强的灵活性和适应性是拓展训练优于传统体育教学的两种特性，它受环境的影响较少，转圜空间大，室内外都可进行，所需场地器材都比较简单，学生可以根据项目的要求分成几组进行。体育教师可以根据现有的体育场地设施和器材制定教学计划，也可以用现有的器材替代所需的器材，比如铅球、绳子、接力棒等器材都可以用夹心球替代，也有很多项目并不需要器材的辅助，因此，除了即使是条件不是很优越的学

校也很适合开展拓展训练。

拓展训练内容丰富，实施方式具有灵活性和多变性，可以通过实现特定目的设计的活动内容，拓展训练的运行方式类似于游戏，融趣味性、实用性、知识性于一体，能激发学生体育运动的热情，使学生积极主动地参与到活动中去。高校完全可以和这些类似的拓展训练机构进行合作，使得双方获益。

（五）完善制度，保障拓展训练的实施

完善的学校制度为拓展训练能够在学校顺利实施提供了保障。健全学校课程管理体制，首先要让学校认识到学生的任务不仅仅是学习，培养其他能力也很重要，首先要使学校认识到除培养学生学习能力外，培养其他能力的重要性，使其对开设拓展训练课持支持态度，只有这样才能从根本上保证拓展训练课的开设。

第三节　乡村学校体育开展拓展训练的意义与实践

一、乡村学校体育开展拓展训练的意义

"拓展训练是集挑战性、知识性、教育性、参与性、娱乐性、实用性于一体，融'心理学、管理学、成功学、系统动力学'等诸多学科进行交叉的一种全新的组织训练方式。"[1] 它是根据培训目的，利用完善的拓展设施和自然环境，通过精心设计的活动项目，挖掘人的潜能，挑战心理极限，达到陶冶情操、磨炼意志、完善人格等目的。

作为一种新的教育手段和教学形式，拓展训练有其独特的优越性。体育教学的目的就是在提高学生的身心健康水平的基础上能够培养全面发展的人，而拓展训练的目标本质上与其有着异曲同工之处。拓展训练就是使体育回归原始的形态，与学习自然的融合，这就要求教师能够改变传统体育教学中简单、单向的"教"，而是使学生能够

---

[1]　杨楠楠. 拓展训练进入农村中学体育教学中的可行性分析［J］. 齐齐哈尔大学学报（哲学社会科学版），2009，（04）：181.

在各种拓展项目的参与的同时积极主动地"学",让学生与大自然的活跃气氛充分接触,体验集体合作,增强团队精神。使学生学习和掌握一整套增进与保持健康的科学方法和技能,在活跃的气氛中充分接触自然、体验集体协作力,增强团队精神。

拓展训练能够让学生体会到自己身处学习的"主人"这一主体地位,主动去学习、参与、体验并吸收,充分体验到学习其实也是一种充满娱乐性的事。这种"先行后知"培养模式受到社会各界的认可,是以,引入拓展训练不仅符合课程改革的发展趋势,而且还丰富和完善学校体育教育的课程体制。

拓展训练的实施,能够在学校要求的基础训练的基础上,提高中学生的综合素质水平。拓展训练遵循体育新课程标准中"健康第一"的指导思想,激发学生们充分的自主学习动力,帮助学生发觉自己的潜力、磨炼自己的意志力,同时增强了学生的自身品质,从而让学生在活跃的教学环境中,与大自然充分接触,体验集体协作力,增强了学生的团队精神建设。因此,从理论上讲,拓展训练在中学体育教学的实施是可行并能产生深远影响的,并且能对学生性格、心态、做事态度等产生很大的影响,对其今后步入社会有很大帮助。

拓展训练既能够改变中学学校体育学习内容空洞的现象,又能在学习真正体育知识的基础上提高学习兴趣和锻炼能力,促进学生的身心健康,加强人际交往能力,提高社会适应力,这也是每个关心学校教育工作的人所乐见其成的。这一教学模式,符合现代我国体育教学的发展路程。

二、乡村学校体育开展拓展训练的实践

乡村学校体育开展拓展训练的实践,如图 6-7 所示。

(1)制订训练计划。实现拓展训练的目的和目标,必须制订好的实施计划。要根据当地乡村的现状,了解学生的情况,对需要的设施进行设想,明确哪些是设施是必要的,哪些是不必要的等。

(2)协调内部组织。为了确保计划的顺利实施,学校内部各个部门要紧密配合、相互协调。要想得到各方面的支持,所定的计划就必须做到周全且有创新,因为没有任何一个人会对一些毫无新意的东西感兴趣。

(3)严格要求教师。须具备良好的职业道德,并制定出严格的道德标准;教师要

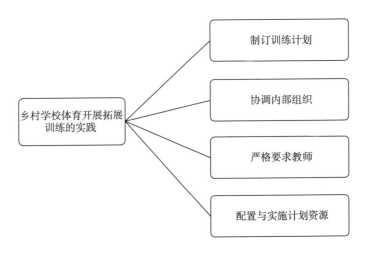

图 6 - 7 乡村学校体育开展拓展训练的实践

有良好的指导经验和技巧，指导经验和指导技巧是教师应具备的知识技能储备；经常注意学生的状态，观察有无精神上或身体上的弱点，采取有针对性的措施；改变有关的理论框架，确保能够在实际活动中应用。

（4）配置与实施计划资源。计划的资源，包括预算、人员、设施、时间等的调度，要求教师对现有的资源进行合理的配置，并从简单又有效的方法开始，以保证计划顺利地实施。

拓展训练以"先行后知"的体验式学习方式打破了传统的以"教"为主的教育模式，让学生在愉快、积极参与中学到知识、领悟道理，通过亲身体验来挖掘自己的潜能，培养创新精神和实践能力，促进果敢、顽强、自信、团结等优良品格的形成。它符合当前教育改革的指导思想，对推动乡村传统体育教育模式的改革和青少年整体素质的提高具有重要意义。

三、乡村学校体育开展拓展训练的实践案例解读

（一）教学目标

拓展训练通常利用各种自然环境，通过精心的设计，将幻想和挑战完美的结合，参与者进行训练的过程中一同接受挫折并共同解决问题，这便于企业创建团队、培养团队合作精神，也可以用于学校中帮助学生提高学习处理冲突技巧、培养学生的领导

才能、锻炼沟通能力和计划能力，让参与者的思维更加活跃，面临问题能够冷静思考，集体成员彼此之间的情感加深，能够建立小组之间的相互信任。

（二）教学方案设计

（1）充分发挥学生的主体地位。转变传统体育教育形式中教师的主体地位。新课程改革中，强调以学生为中心，充分考虑学生的学情和课堂生成的教学资源，双向设计课程教学。师生互动、互补，多从学生的学习需要出发，重点从教师"教什么"到解决学生"学什么""如何学""学到何种程度""采用怎样的方式学"等问题，发挥学生的主体地位，充分体现"师生平等"的教学原则。

（2）设计方案要留有足够的创新空间。新课程改革中强调教师由课堂的主导者演变为学生学习的指导者，提高学生的实践能力以及创新能力。教师进行教学的过程中，不能总是趋于结构化和程序化，而是要把内容创新，进行新的教学策略，让课程以一种模糊性和不确定性的现象出现，留有一定的空白，以便于学生发挥自己的想象力以及能够解决问题的思考力。一定的教程空白，容易让教师与学生之间的交流更加频繁，情感交流也愈加深厚。这样的教案可以形成一种特殊的"张力"，将教学课堂与教学内容之间进行联系融合，教师也要能够灵活的应用现场的变化，开拓新的教学情景，生成动态的教学模式。

（3）体现教师的个性。教师教学技术与现代多媒体技术的完美结合，为体育课程资源提供了新鲜的内容。但是，这一过程是要授课教师在借鉴新的经验的同时，从自身、从学生、从周围环境出发，结合所教授的内容进行选择、开发、组合，要有自己的理解和感悟，针对学生的特点和学校的环境设计具有自己个性特色的教案。

一节充满灵魂的课程教学关键在于教师的策划，教师应将自己的理念贯穿于整个课堂教学中，充分利用自身的优势，形成具有自己风格的教学模式。学生对课程的兴趣一方面来源于课程的内容、组织形式，一方面来源于教师的人格魅力。只有这样，才能在此基础上发展学生的个性。

（4）要有多项选择的预设。教案是教师根据教育大纲的要求，对教学内容、教学方法、教学步骤等进行的有目的、有组织的设计，以便能够顺利有效地开展教学活动、满足学生需要的一种教学辅助文书。单纯的教案设计只是一种客观的程序策划，没有对各种突发事件进行预测并拟定解决方案。但是，现实生活中各种事件的发生是没有规律可循的，所以就要求及时在写教案的过程中，不能按照传统的教学程序的设定，固定的进行教学内容的设定，而是应该预测学生在进行训练过程中可能产生的问题。在确定好教案的重点、难点、拓展点的时候，规划好学生可能出现问题的地方，教师应该如何引导、如何解决，及时消化反馈信息，设计多角度、多层次、多方位的策略方案，以便能在出现问题时随时调用，迅速解决问题。

（5）积极的团队精神是拓展训练的理论精髓。发展拓展训练项目一般以团队或者小组为单位，这也是拓展训练最初实施的形式。在参与活动的过程中，队员之间相互协作，解决问题、应对突发危险，通过相互的交流和意见反馈，加深彼此之间的感情，培养默契，实现"激发潜能、熔炼团队"的目的。

教师在制定教学方案中，可以通过适当的改变，将以团队协作的解决方式来设定教学情境，制定教学方案。

（三）教学内容的探索性实施建议

（1）加紧师资队伍拓展训练的培训。拓展训练的危险性决定了教师必须具备相应的拓展训练经验，所以进行相应的培训是必不可少的。体育教师是受过相应专业的高等院校的培养，具有一定的基础，对拓展训练也有一定的接触。教师要做到的是应该在借鉴社会拓展训练课程完整体系的基础上，加紧对自身能力的培训，以便能够有足够的经验应对突发事件，即使降低了拓展训练的危险指数，但是风险依旧存在，教师一定要有预判风险的能力。

（2）教学内容和教学目标要合理。合理教学目标和内容的制定，能将拓展训练与传统体育教学的融合达到效益的最优化。拓展训练的目标不但要提高学生的学习技能和身体素质水平，还要注重人内在潜能的发挥和社会适应能力的训练，因此，目标制定要有明确性，根据目标选择拓展训练的项目，而且要根据实施现状和学生的反馈做出适应的调整。

（3）安全是拓展训练实施的第一要素。任何体育项目的实施一定要能够保证学生的安全，但是风险是绝对存在的，这就要求学校、教师队伍对学生的安全给予支持与保障，器材场地的维护必不可少，学生的自我保护意识也不可或缺，建议在进行拓展训练的课程中，加强对学生安全理论与实践的培训，树立"安全第一"的意识。

（4）教师要做好准备工作。体育教师课前的准备工作必须要充分，包括项目的选择、教案的设计、场地的布置等，情景式的教学方式更容易让学生身临其境，更好发挥自身潜在的能力，观察不同年级学生的认知、心理差异，项目的编排要有针对性，并不一定要制定相应的教学计划，而是根据教师观察和反馈及时制定有针对性的项目。

（5）运用多种组织方式。拓展训练的实施不一定要在学校进行，可以组织学生到场地、器材准备更加精良的俱乐部进行，这不但拓宽的拓展训练的项目，还可以进行总结交流，为学校体育教学的内容和评价方法注入新鲜的血液。

参考文献

［1］冯文昌，孙红元. 拓展训练在农村学校体育中开展的意义及实践［J］. 农业考古，2006，（03）：315－316.

［2］陈希贤. 心理拓展训练融入农村学校体育教学的实践研究［J］. 体育风尚，2018，（09）：29.

［3］唐松林，聂英栋. 超编与缺人：农村中小学师资队伍建设面临的一大难题［J］. 河北师范大学学报（教育科学版），2012，14（10）：55.

［4］杨楠楠. 拓展训练进入农村中学体育教学中的可行性分析［J］. 齐齐哈尔大学学报（哲学社会科学版），2009，（04）：181.

［5］王斌. 浅谈偏远农村小学体育教学拓展训练［J］. 考试周刊，2020，（11）：125.

［6］申圆博. 隆德县农村中小学体育师资队伍建设研究［D］. 兰州：西北师范大学，2016：12－31.

［7］崔璐. 中学体育教学引入拓展训练的开发与实施［D］. 烟台：鲁东大学，2014：23－43.

［8］刘俊. 体育教学培养学生创新能力的现状与对策［D］. 武汉：华中师范大学，2012：10－43.

［9］李建伟. 迁安市初中体育课堂教学中开展拓展训练的可行性研究［D］. 北京：首都体育学院，2012：21－43.

［10］张智豪. 信阳市农村中小学体育教学资源现状与对策研究［D］. 信阳：信阳师范学院，2021：20－41.

［11］李海娜. 人本主义视角下我国乡村中小学体育教学目标研究［D］. 新乡：河南师范大学，2017：27－33，97－100.

［12］杨道飞. 基于素质教育背景下的体育课程改革研究［D］. 重庆：重庆大学，2015：10－19，23－26.

［13］周跃，郭军，刘海军.“素质教育”改革背景下乡村体育课程教学的走向［J］. 昭通学院学报，2013，35（06）：117－120.

［14］于晓东. 体育素质教育中隐性课程的开发［D］. 南京：南京师范大学，2003：5－28.

［15］翟连林. 山东省中小学体育实施素质教育的现状调查与运作模式研究［D］. 曲阜：曲阜师范大学，2003：26－34.

［16］宋文彩. 论素质教育与农村小学体育教学模式改革［J］. 百科论坛电子杂志，2020（11）：874.

［17］杨道飞，张利朋. 素质教育的内涵及其与学校体育课程改革的关系［J］. 文体用品与科技，2016（14）：51－52.

［18］杨忠健. 当前我国乡村中小学体育教学现状及对策研究［J］. 中国科教创新导刊，2012（18）：250.

［19］王红霞. 陕西省农村学校"阳光体育运动"实施现状及对策研究［D］. 兰州：西北师范大学，2014：39－41.

［20］臧雪. 农村学校体育与村落社区体育发展的关系研究［D］. 烟台：鲁东大学，2012：23－30.

［21］钱应华. 制约广西民族地区村落社区体育可持续发展的因素分析［J］. 山西师大体育学院学报，2009，24（4）：52－54.

［22］王登峰. 学校体育场馆向社会开放的理念与策略［J］. 上海体育学院学报，2017，41（6）：1－3，33.

［23］刘荣华，王丽娟，鄢佩，等. 我国高校"阳光体育运动"的现实问题与发展对策［J］. 体育文化导刊，2017，（9）：118－122.

［24］金宗强，姜卫芬，鲍勇，等. "阳光体育运动"实施过程中存在的主要问题及推进对策［J］. 湖南社会科学，2014，（z1）：43－45.

［25］施飞. 农村学校大课间体育活动"一主自选"模式的设计与实施［J］. 体育文化导刊，2017（4）：151－155.

［26］于素梅. 中国农村学校体育发展的区域特色与新时期面临的新问题［J］. 南京体育学院学报（社会科学版），2011，25（2）：88－92.

［27］徐东锋. 构建以农村学校为基地的农村体育发展战略思考［J］. 体育与科学，2008，29（3）：65－67，64.

［28］李宗山. 农村学校"阳光体育"救济制度的研究进展［J］. 中国农学通报，2012，28（11）：191－194.

［29］杨敏. 重庆西部地区农村中学学校体育发展研究［J］. 山东体育科技，2006，28（2）：87－88.

［30］龙志强. 农村学校体育保健课程开放式教学研究［J］. 核农学报，2021，35（1）：7.

［31］王小娟，黄晓. 全民健身国家战略中的农村学校体育发展路径实证研究［J］. 北京体育大学学报，2015，38（11）：87－92.

［32］乐立新. 农村学校体育的现状与改善［J］. 教学与管理（理论版），2010（5）：55－56.

［33］石展望. 河南省农村中学学校体育现状及发展对策研究［J］. 山东体育学院学报，2010，26（3）：84－88.

［34］邓培红. 构建农村学校体育发展策略研究［J］. 教学与管理（理论版），2009（10）：60－61.

［35］张怀波. 农村学校体育课程资源的开发与利用［J］. 教学与管理（理论版），2010（2）：67－68.

［36］常静. 应加强农村学校体育教师的在职培训［J］. 教学与管理（理论版），2005（8）：20－21.

［37］李宗山. 河南省农村学校体育课程优势资源的开发利用［J］. 教学与管理（理论版），2013（10）：90－92.

［38］李忠梅. 农村学校体育教学改革适应"阳光体育运动"需求研究［J］. 教学与管理（理论版），2013（3）：121－122.

［39］于素梅. 新时期农村学校体育发展"精准扶持"及策略研究［J］. 教育科学研究，2020（8）：91－94.

［40］张娟，周晓. 社区体育教育与学校体育教育融合研究［J］. 拳击与格斗，2022（3）：32－34.

［41］季玉晓，关琳煊. 学校体育的教育功能探究［J］. 教师，2021（5）：66－67.

［42］廉涛. 我国村落体育研究进展［J］. 通化师范学院学报，2012，33（2）：53－54，71.

［43］许成涛. 山区乡村学校体育教研组建设初探［J］. 读与写，2021，18（22）：259.

［44］王科. 数学教学融入乡村学校体育的策略研究［J］. 当代体育科技，2021，11（20）：251－253.

［45］侯占静. 浅谈乡村学校体育教学改革［J］. 商情，2012（36）：244－244.

［46］王敬波. 对乡村学校体育教育现状的思索［J］. 中文信息，2015（4）：316－316.

［47］王潇，吴江萍，左鑫. 改革开放以来乡村学校体育发展研究［J］. 辽宁体育科技，2020，42（1）：105－108.

［48］裴金妮. 乡村学校体育与周边社区体育健康融合发展研究［J］. 文体用品与科技，2020，8（8）：19－20.

［49］盛莉，邹洋. 我国乡村学校体育改革开放以来的发展研究［J］. 灌篮，2020（7）：50－51.

［50］王达. 改革开放以来我国乡村学校体育变迁研究［J］. 武术研究，2017，2（1）：129－131，139.

［51］陈冬萍. 关于乡村学校体育教育现状与思考［J］. 读写算（教育教学研究），2014（28）：255－256.

［52］胡南. 乡村振兴战略下乡村学校体育发展研究［J］. 体育画报，2021（4）：26.